音楽科授業サポート

JN032714

発声練習
効果てきめん！

恥ずかしがらずに
声を出せるようになる

「声遊び」
のアイデア
&授業レシピ

熊木 眞見子
笠原 壮史 著

明治図書

はじめに

　私は以前，いろいろな「音遊び」を紹介する本を 2 冊出版しています（『子どものコミュニケーション力を高める！　音楽遊びベスト 40』，『子どもを音楽好きにする！　楽器遊びベスト 40』いずれも明治図書）。しかし，2 冊ともほとんどが身近な楽器や日用品などから引き出した「身の回りの音」を用いた活動で，声を用いた活動はごくわずかでした。音の出せる日用品は山とあり，音楽室には奏法や音色の異なる楽器がいろいろありますから，そこから遊びのアイデアを生み出すことは可能だったのです。でも声となると，日用品や楽器のように様々な奏法や音色を用いるというわけにはいかず，遊びのアイデアを生み出すことは難しいと感じました。発声練習のようなものではなく，「歌う」以前の，もっと声そのものを楽しめるような活動はできないものか……。悩んでいるうちに小学校を去る年齢が近づきました。

　私はその後大学教員になりましたが，小学校教員の間に，母音や子音などによる活動やリズム以外の要素に着目した声の活動を，もっと工夫し実践しておくべきだったと，ずっと残念に思っていました。しかし最近になって，かつて私も勤務していた筑波大学附属小学校の笠原壮史先生という，強力な協力者を得たので，やり残していた「声遊び」に改めて取り組んでみることにしました。私が「声遊び」のアイデアを出し，それを笠原先生がご自分なりの工夫を加えながら実践してくださったのです。笠原先生の実践は，期待以上でした。それらを明治図書の木村悠さんがまとめてくださって，本書ができあがりました。

　ここに示した「声遊び」の事例が，楽譜通りに歌うだけでなく，もっと自由な声の使い方に先生方が取り組むきっかけとなり，声の捉え方が幅広いものになっていくこと，そして，歌うことが苦手な子どもでも楽しく声が出せるようになっていくことを願っています。

2020 年 5 月　熊木 眞見子

もくじ

2章 声を出すのが楽しくなる！
「声遊び」のアイデア＆授業レシピ

1章

歌唱活動につなぐ！
「声遊び」の魅力

「声遊び」とはどのような活動で，どんな効果があり，
学習指導要領のどこに位置付けられるかをまとめました。
さぁ，「声遊び」の世界へご一緒に！

楽しく声が出せればきっと歌うことも楽しくなる！

「声遊び」とは

　「声遊び」は，「音遊び」の範疇に含まれる活動です。

　まず「音遊び」ですが，この言葉は小学校学習指導要領音楽科の「音楽づくり」の中に出てきます。平成20年告示の学習指導要領では，第1学年及び第2学年の「音楽づくり」の項目アとして，「声や身の回りの音の面白さに気付いて音遊びをすること」と述べられ，平成29年告示の学習指導要領では，やはり第1学年及び第2学年の「音楽づくり」の項目アの（ァ）として，「音遊びを通して，音楽づくりの発想を得ること」と述べられています。

　「音遊び」とは，平成20年発行の学習指導要領解説音楽編に，「友達とかかわりながら，音楽的な約束事を決めて，それに基づいて楽しく活動し，音で表現していくもの」と示されています。また，平成29年発行の学習指導要領解説音楽編では，「友達と関わりながら，声や身の回りの様々な音に親しみ，その場で様々な音を選んだりつなげたりして表現すること」と示されています。ここから読み取れることは，「音遊び」とは音楽作品として完成させることをねらった活動ではないということです。

　子どもたちはいろいろな「音遊び」に取り組むうちに，たくさんの音を自分のものとし，強さ・響き方・音色・音の高さなど，音のもつ様々な要素に気付き，それらの要素を操作することによって音を変化させることができることをつかんでいきます。こうして音と遊んでいる中で育まれた音に対する感覚，音の操作方法，個々の遊びに含まれている音楽的な約束事の把握などが，子どもたちの音楽的表現力を伸ばすことにつながり，合唱や合奏，創作などでよりよい表現を追究するとき，「こうしたらどうかな？」という思いとなってわいてくるのです。

　さて，最初に述べたように平成20年告示の学習指導要領では，「**声や身の回りの音**の面白さに気付いて音遊びをすること」となっていました。また，

平成29年告示の学習指導要領では,「音楽づくり」についての項目イで,「次の（ァ）及び（ィ）について,それらが生み出す面白さなどと関わらせて気付くこと」の（ァ）として,**「声や身の回りの様々な音の特徴」**となっています。つまり「音遊び」の素材となる音は,「声」と「身の回りの音」なのです。「身の回りの音」については,平成29年発行の学習指導要領解説音楽編に「自然や生活の中で耳にする音,身近な楽器や身の回りの物で出せる音」と示されており,「声」については「歌声だけでなく,話し声やかけ声,ささやき声やため息のように息を使った音,擬声語や擬態語など」と示されています。

本書で取り上げている「声遊び」は,この記述に基づいています。つまり,学習指導要領で「身の回りの音」と並列されている,「声」を用いた「音遊び」のことなのです。

なぜ「声遊び」か

なぜ「声遊び」ばかりを取り上げたのかというと,「声遊び」があまり行われていないように思われるからです。

身近な楽器を用いた「音遊び」,身の回りにどんな音があるかを聴き取る「音遊び」,身の回りのものからどんな音が出せるかを発見する「音遊び」などは教科書にも含まれており,実際に授業で行われていることを見聞きすることともあるのですが,それらは「身の回りの音」を用いた「音遊び」といえます。

では声はどうでしょう。平成27年発行の教科書を調べてみると,リズムにのって言葉を唱えたり重ねたりする活動は見受けられるのですが,それはどちらかというと言葉からリズムを引き出すことに焦点が置かれていて,声そのものはあまり注目されていません。声を用いた活動としては,擬声語や擬態語を用いた活動がわずかに見られるぐらいです。つまり,「音遊び」は「身の回りの音」を用いた活動に,やや偏っているということがいえます。

その理由の1つとして,学習指導要領解説音楽編に,声を用いた「音遊び」の例が記述されていないということがあるかと思います。「音遊び」の

例としては，「リズムを模倣したり，言葉を唱えたり，そのリズムを打ったりする遊び，言葉の抑揚を短い旋律にして歌う遊び，身の回りの音や自分の体を使って出せる音などから気に入った音を見付けて表現する遊び」が挙げられているのですが，この文言からだと，リズム的な活動や簡単な旋律づくり，日用品や身近な楽器からの音の発見，ボディ・パーカッションによる活動などでよいことになってしまい，純粋に声を使った活動がイメージされにくいのではないかと思うのです。

　もっと声による「音遊び」，つまり「声遊び」が行われるべきではないでしょうか。

　幼い子どもは，いきなり正しい日本語を話せるようになるわけではありません。周りの人々が話す言葉に関心をもち，それを聴き取って，「ブーブー」「マンマ」などの短くて簡単な言葉を発するところから始まり，次第に言える言葉の数が増え，「お水，冷たいね」というようにいくつかの言葉を組み合わせるようになり，それからやっと「私はきのう，○○をしました」というような，まとまりのある日本語が話せるようになっていきます。そうなるまでに何年もかかります。

　「歌う」ことも，同じようなことがいえるのではないでしょうか。まずは声に関心をもち，周りの人々の声を聴き取ったり，自分でもいろいろな声を出してみたりして声の可能性を把握し，声を操作することを楽しみ，それからやっと音程やリズムをつかんで歌う，さらに他者と声を合わせて歌う……という流れで進んでいくとよいのではないかと思うのです。しかし現実には，作詞作曲されている歌にいきなり取り組ませている場合が多いのではないでしょうか。

　この「声遊び」は，通るべき道順，抜かしてしまった道順を埋める活動になるのではないかと思っています。なぜなら，声そのものに焦点を当てた活動だからです。歌詞はなく，擬声語や擬態語を使う活動も多少は含まれていますが，ほとんど母音や子音が中心です。「歌う」より，もっと自由で，即興的な活動なのです。

「声遊び」のねらい

　では，「声遊び」のねらいとはどのようなものでしょう。前述したように「声遊び」は「音遊び」に含まれる活動ですから，そのねらいも「音遊び」のねらいとほぼ共通しているといえます。以下にいくつか挙げてみます。

　ア　声を用いた遊びを通して，自分や友達がどのような声をもっているかに気付き，互いの声を尊重する。

　イ　声を用いた遊びを通して，自分の声を様々に操作することを楽しむ。

　ウ　声を用いた遊びを通して，歌唱以外の，音の素材としての声の可能性に気付く。

　エ　声を用いた遊びをいろいろ経験することによって，声に関する表現力を伸ばす。

　オ　声を用いた遊びの中で，音階や調に捉われない音程で声を出したり，様々な発声で声を出したりすることを通して，現代音楽や民族音楽など，声を用いた多様な表現に対して，興味・関心をもつようになる。

　以上のねらいの文中に出てくる「声」を「身の回りの音」に置き換えて文を整えると，「身の回りの音」を用いた「音遊び」のねらいとすることができます。

　ア　身の回りの音を用いた遊びを通して，身の回りにどのような音があるかに気付いたり，身の回りから様々な音を引き出したりして楽しむ。

　イ　身の回りの音を用いた遊びを通して，身の回りのものから引き出した音を様々に操作することを楽しむ。

　ウ　身の回りの音を用いた遊びを通して，身の回りのものから引き出した音も，音の素材となることに気付く。

　エ　身の回りの音を用いた遊びをいろいろ経験することによって，音そのものに興味・関心をもち，音に関する表現力を伸ばす。

オ　身の回りの音を用いた遊びの中で，規則的な拍や音階などに捉われない自由な
　音の世界を体験することを通して，現代音楽や民族音楽など，多様な音楽表現に
　対して，興味・関心をもつようになる。

　さて，このようなねらいを達成するために，この「声遊び」では３拍子や
４拍子といった一定の拍にのった拍子やリズム，ハ長調やイ短調といった決
まった音階は，基本的に用いないことにしました。これらがあると，正しい
リズムや正しい音程が存在することになり，それらが求められることで，遊
びというよりお勉強に近くなってしまうことを避けたかったからです。こう
いった制約を取り払うことで，「自分の声がみんなと合っていないのではな
いか」などと心配することなく，子どもたち一人ひとりが自分の声を楽しめ
るようになってほしいと願っています。
　このように拍や決まった音階を用いない活動は，学習指導要領でも，「指
導計画の作成と内容の取扱い」の２の「音楽づくり」に関する項目（６）の
エで，「拍のないリズム，我が国の音楽に使われている音階や調性にとらわ
れない音階などを児童の実態に応じて取り上げるようにすること」と示され
ています。

「声遊び」の取り入れ方

　ここでご紹介している「声遊び」は，ほとんどが数分程度のごくわずかな
時間で取り組めるものです。授業の最初に常時活動として既習曲を歌うこと
があるかと思いますが，歌う前に「声遊び」を何か１つ行ってみてはどうで
しょう。そして，その「声遊び」を子どもたちが気に入ったようなら，その
日だけで終わりにせず，その後の授業でも何回か行ってみてください。
　ただし「８　あみだくじのように」（P68）は，数分では終わらせること
はできません。もっと時間がかかります。この遊びは「声遊び」を発展させ
て構成を工夫し，もはや声による「音楽づくり」となっているからです。
「あみだくじのように」を取り上げる場合は，題材として２〜３時間程度の

予定で計画的に扱う必要があるでしょう。いくつかの「声遊び」を組み合わせ，「声で遊ぼう」というような題材名にして，3時間程度で計画してみてはいかがでしょうか。

声の特性を生かした「声遊び」の内容

　ピアノはどの鍵盤を押すかによって音の高さが決まってしまいます。音と音の間の微妙な音程を表すことはできません。しかし声は，ある音から別の音へ，なめらかに音程を変化させて到達すること（ポルタメント）もできるし，パッと飛躍して到達することもできます。このような声の特性を生かした「声遊び」を工夫してみたいと思いました。

　ポルタメントを用いた「声遊び」としては，「4　ボールに合わせて」（P44）「6　スライド・ホイッスルのように」（P56）「7　声でウェーブ」（P62）が挙げられます。

　次の音にパッと移動する「声遊び」としては，「5　あっち向いてアー」（P50）「8　あみだくじのように」が挙げられます。

　また，声は息の続く限り持続させることができます。一定の高さを保って声を持続させたり，持続させながら声を上下に動かしたり，持続させながら友達と声を重ねてみたり……これは，「歌う」という行為の基本中の基本と言えるのではないでしょうか。そこで，声を持続したり，持続しながら多少上下に動かしたり，持続しながら重ねたりする活動を考えてみました。

　一定の高さで声を持続させる「声遊び」としては，「9　コマに合わせて」（P74）「10　お経のように」（P80）「12　カードで当てっこ」（P92）が挙げられます。

　「16　不思議なハーモニー」（P116）「17　クラスターづくり」（P122）は，声を一定の高さで保ちながら重ねる「声遊び」です。「4　ボールに合わせて」（P44）は，上下に動く声を2種類重ねる「声遊び」です。「15　不思議な輪唱」（P110）は，リーダーが声の高さを変化させていくのを少し遅れて模倣していくことで，そこに生まれる声の重なりを味わうという「声遊び」です。実は，「2　蚊がとんできたぞ」（P32）と「11　シャボン玉と声」

（P86）も，複数の子どもが同時に声を持続していることが多いので，意図していなくとも声が重なり，ハーモニーが生まれる活動です。ただし，一定の高さを持続しているわけではなく，多少声を上下してよい活動なので，しっかりとした重なりにはならないでしょう。

　「14　やまびこごっこ」(P104)は，強弱をつけて声で表現する活動といえます。

　「1　いろいろな『ア』」（P26）は，「ア」という一文字からどれだけ異なる表現ができるか，表現の工夫をねらいとした活動です。「3　吹き出しの形で」（P38）も表現の工夫をねらいとしていますが，こちらはわずかな文字を用いた意味のない短い言葉による会話表現の工夫になります。

　「13　ピッパッポッ」（P98）は，「ピッ」「パッ」「ポッ」の3種類の擬声語を組み合わせ，構成を工夫する活動です。

線による図形楽譜を用いる

　さて，ここでご紹介している「声遊び」は，決まった音階を用いたものではなく，一定の拍にのったリズムでもない（ただし「15　不思議な輪唱」だけは例外で，3拍子を用いています）ことは，前述した通りです。ということは，五線譜に音符で書き表すことは難しいということです。では，どのように書き表わせばよいでしょう。

　そこで思いつくのが，線を用いた図形譜です。一定の高さを保って持続している声の場合は直線で，持続しながら上下に動いている声の場合は曲線で描き表わすのがよさそうです。

　というわけで，「4　ボールに合わせて」「6　スライド・ホイッスルのように」では曲線を中心とした図形楽譜で，「8　あみだくじのように」では縦や横の直線による図形楽譜を用いています。

　学習指導要領でも，「指導計画の作成と内容の取扱い」の2の「音楽づくり」に関する項目（6）のウに，「つくった音楽については，指導のねらいに即し，必要に応じて作品を記録させること。作品を記録する方法については，図や絵によるもの，五線譜など柔軟に指導すること」と示されています。

「声遊び」の中で図形楽譜に触れることで，子どもたちが自分たちで楽譜を工夫するようになってほしいと思っています。

〔共通事項〕との関わり

　「声遊び」を実践してくださった笠原先生からのご意見で，各活動が共通事項の「ア　音楽を特徴付けている要素」や「イ　音楽の仕組み」のどれと関わりがあるかを示すことにしました。各活動の最初に，「この活動で重要な〔共通事項〕」として書き記してあります。

　さて，それぞれの活動について〔共通事項〕のどれと関わるのかを書き記していくうち，関わりのある要素や仕組みがかなり限られていることに気付きました「ア　音楽を特徴付けている要素」では，学習指導要領に挙げられている要素のうち，だいたい**強弱・音の重なり**のいずれかです。それもそのはず，本書の活動はほとんどが拍節的ではなく，音階を用いてもいないので，旋律・和音の響き・音階・調・拍といった，いわゆる機能和声でできている音楽で必ず使われている要素とは，関わっていないといってもよいのです。

　そのかわり，**音高**という要素とは頻繁に関わっています。学習指導要領には示されていない要素なので，私なりに定義すると，音高とは，一つひとつの音の高さやその変化のことを表します。本書では声の高さを工夫することが多いので，大変重要な要素となります。

　音高以外にも，学習指導要領には挙げられていない要素が，本書には２つ登場します。

　1つは**間（ま）**です。間とは，音と音との間隔を表します。ある音から次の音までがどれくらいの長さなのかということです。拍節的な音楽ならばリズムと言うところなのでしょうが，拍節的ではない，つまり拍という規則的なものにのっていない場合は，リズムという言葉を避けて間を使ったほうがよいと私は思っています。間は「13　ピッパッポッ」という活動などで要素として挙げています。もう1つは**発音**です。母音のみを用いた「12　カードで当てっこ」という活動や，ハミングをしながら歩き回る「2　蚊がとんで

きたぞ」という活動で，要素として挙げました。声を使った活動だからこそ挙げられる要素だといえるでしょう。

　その他，「7　声でウェーブ」では，ウェーブを伝えていく速さを変えて遊びますので，要素として**速度**を挙げました。

　また，「6　スライド・ホイッスルのように」と「10　お経のように」では，要素として**フレーズ**を挙げました。「スライド・ホイッスルのように」はスライド・ホイッスルを一息で吹ける長さを単位としている活動ですので，一息分の長さが１フレーズとなるのです。また「お経のように」でも，一息で５文字ずつ唱えていきますので，やはり一息の長さが１フレーズになっています。

　「イ　音楽の仕組み」はどうかというと，本書の活動は作品としてうまくまとめようとしているのではなく，遊びとして楽しんでほしいという目的なので，音楽の仕組みを使ってしっかりと構成されているわけではありません。したがって，音楽の仕組みの何を用いているかを示したくても，示せない活動が多いのです。

　かといって，全く音楽の仕組みを用いていないわけではありません。「1　いろいろな『ア』」や「14　やまびこごっこ」は，誰かの表現を模倣する活動ですので，**反復**を用いていると言えます。「7　声でウェーブ」では同じ動きをずらして行い，「15　不思議な輪唱」でもリーダーの表現を遅れて模倣していきますから，反復を用いているといえるでしょう。「10　お経のように」でも，同じ声の高さで同じようなフレーズが繰り返されていきますので，反復を用いているといってよいと思います。「4　ボールに合わせて」と「8　あみだくじのように」は，２つのパートが関わり合いながら動いていきますので，**音楽の縦と横との関係**を用いているといえるでしょう。

　さらに「3　吹き出しの形で」は，吹き出しの形からイメージして会話をしていきますので，**呼びかけとこたえ**を用いているといえます。「声遊び」には，以上のような「音楽を特徴付けている要素」や「音楽の仕組み」が用いられています。機能和声による拍節的な音楽とは異なった，独特の要素があることを理解した上で，楽しんで活動していただきたいと思います。　（熊木　眞見子）

2 歌唱指導の新たな可能性

　「声遊び」は楽しい！　子どもにとっては当然ですが，先生にとっても楽しいのです。子どものいろいろな声を聴けます。子どものいろいろな表情を見られます。そして，音楽科の学習ができます。さらに，遊びながら歌唱指導にもつなげていけます。

　本書でご紹介している授業レシピは，いくつかの学年で何度か実践した中から，「子どもが楽しく遊べていたな」と思えるアレンジを選びました。どれも「声遊び」に初めて取り組む１時間目の授業ですので細かく説明をしてありますが，子どもが活動に慣れてくれば，ほとんどが５分〜15分程度の短い時間でできるものばかりです。音楽授業の常時活動や学級でのアイスブレークにもおすすめです。子ども同士の関係づくりにも役立つと思います。

　「声遊び」を実践するにあたり，「歌唱指導とのつながり」について考えながら授業をしました。結論としては，「『声遊び』と『歌唱指導』は大いにつながる」ということです。「『声遊び』を使った新たな歌唱指導のスタイルができるのではないか」という可能性を感じています。

「声遊び」の授業で大切なこと

　「声遊び」は，「声を使った音遊び」です。でも，音楽の要素や仕組みはたくさんつまっています。つまり，「遊び」といいながらも，音楽科の学習内容がしっかりとあるのです。「声遊び」の授業では，遊んでいる子どもの様子から，「この子はこういう音楽の要素を感じ取っているな」と，先生が見取ることがとても大切です。

　本書でご紹介している授業を見直してみると，次のような共通点が挙げられます。

① 楽しい活動に取り組ませる
② 「先生→子ども」「子ども→先生」「子ども→子ども」という流れ
③ 「全員→1人チャレンジ→グループ活動」という流れ
④ 活動中の子どもの様子を細かく見取る ⎫ 学習内容の共有化
⑤ 子どもの活動を価値付ける ⎭

　こうしてみると何も「声遊び」に限ったことではない，どの授業でも大切にしたい内容ですが，②と③の流れについては，子どもの様子に少し特徴があると思います。

声を出すという行為そのものを楽しむ

　上の②と③で見られる特徴とは，「声遊び」では，1人チャレンジへの意欲が高まるということです。②でいうと，「子ども→子ども」のときに1対1でも大丈夫という子どもが増えます。

　1人チャレンジは，どちらかというと演奏に自信のある子どもがやりたがりますよね。歌になると，チャレンジする子どもは楽器のときよりも激減します。音程やリズムの正確さといった技術的な不安に加えて，「自分の声は変じゃないだろうか？」というパーソナルな部分での不安があるからです。楽器であれば，少なくともパーソナルな部分への不安はありません。そこが，人前で歌うという行為の難しさなのだと思います。

　「声遊び」は，このどちらに対しても不安を感じさせない！　みんなの前に1人で立って声を出すことには変わりないのに，「やりたい！」という子どもが増えるのです。1人チャレンジをしたい子どもが多過ぎて，時間がなくなってしまうことが何度もありました。中には，自分の番が回ってこなくて怒っている子どももいました。歌唱をはじめとした声を出す活動で，これほど1人で声を出すことに対して臆さない姿は，なかなか見ることがありません。それも1時間目の授業なのですから，熊木先生が提案された「声遊

び」の魅力をうかがい知ることができますね。

　ここでいえることは，「『声遊び』は子どもの声を自由にする」ということです。大きな声・小さな声，強い声・弱い声，明るい声・暗い声，真っ直ぐな声・震えた声などなど，17の「声遊び」を使って，ありとあらゆる種類の声を引き出すことができます。そして先生は，子どものいろいろな声に対して「よい！」と言えるのです。

　子どもが，声を出すという行為そのものに楽しさを感じられるようになれば，きっと歌うことも好きになるのではないでしょうか。みんなの前に立って１人で声を出すことが平気になったら，自信をもって歌えるようになるのではないでしょうか。「声遊び」は，そんな可能性を秘めているのです。

歌唱技能とのつながり

　ここでは歌唱技能と「声遊び」とのつながりについて考えてみます。

　歌唱は，「決められた音程（音高）」を「決められたリズム（間）」と「決められた発音」で発声する行為です。なんとも制約が多いことでしょう。これらのどこかを外してしまうと「歌が下手」と感じてしまいますし，逆にこれらさえ何とかなっていれば「歌が上手」と感じることができるのです。もちろん，「心の込もった歌」「感動する歌声」というのとは別のお話です。あくまで，技能面に限ったことです。

　さて，歌唱における制約から「歌唱技能」を少し詳しく見てみると，次のようにまとめることができます。

---

　①　音程（音高）をコントロールする技能
　②　リズム（間）に合わせて発声する技能
　③　明瞭に発音する技能

　これら３つの技能の向上をもって，「歌唱技能が向上した」と考えることができるでしょう。どの技能も身に付けるためには，「この音を出すぞ！」

という意思と，くり返し練習が必要です。

　「声遊び」には，この「意思をもつこと」と「くり返し練習」を遊びの中で実現できるものが数多くあります。いくつか例を挙げてみます。

---

① **音程（音高）をコントロールする技能**
・「4　ボールに合わせて」
・「6　スライド・ホイッスルのように」
・「7　声でウェーブ」　　　　　など
② **リズム（間）に合わせて発声する技能**
・「5　あっちむいてアー」
・「8　あみだくじのように」
・「11　シャボン玉と声」（レジ袋アレンジ）　など
③ **明瞭に発音する技能**
・「12　カードで当てっこ」
・「13　ピッパッポッ」　など

　いろいろな遊びに取り組むことも子どもにとっては楽しいと思いますが，伸ばしたい歌唱技能に合わせて，同じ遊びを継続してみるという方法もあります。もちろん，子どもにはそんなことは言いませんが。「楽しく遊んでいるうちにいつの間にか歌が上手になった」と，子ども自身が感じることができたら理想的ですね。

ＩＣＴ機器の活用

　「声遊び」は，じっくり考えて表現を練り上げる活動というよりは，即興的な声の表現を楽しむという色合いが強い活動です。ですから，「パッパッ」と，短い時間でテンポよく進めていくことが，子どもが楽しむために大切な要素となります。そして，できるだけ多くの子どもが自分の表現を披露できるようにしていくのが，先生の腕の見せどころといえます。

そこで，プレゼンテーションソフトや電子黒板といったICT機器を活用するようにしました。特に，板書が必要な遊びの場合，これがとても有効です。本書では，次の「声遊び」で画面を作成しました。

<table>
<tr><td>

・「3　吹き出しの形で」
・「8　あみだくじのように」
・「10　お経のように」
・「13　ピッパッポッ」
・「15　不思議な輪唱」

</td><td>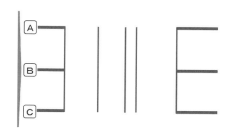</td></tr>
</table>

プレゼンテーションソフトは，クリック1つで画面を切り替えることができるので，1人が表現した後にすぐに次の表現に移ることができます。また，一度つくってしまえば何度でも利用可能ですし，子どもの実態と合わなかったときには簡単に修正することもできます。

上記の「声遊び」以外でも，画面を使うことで楽しみ方が増える遊びがあるでしょう。私自身も，まだやっていないアイデアがいくつかあるので，また実践していきたいと思います。

私は，歌唱の授業づくりを主な研究領域としています。「子どもが歌うことを好きになる授業とはどういう授業なのか？」ということを，日々考えているわけです。すると，「そもそも好きとは？」「そもそも歌うとは？」「人はなぜ歌うのか？」という，根本的な疑問にぶつかります。

そんな中で「声遊び」の実践に取り組んだのですが，「歌を好きになる前に，声を出すことを好きになることが大切なのではないか？」と思うようになりました。「声を出すことを好きになる音楽授業」「声を出すことに自信をもつことのできる音楽授業」「自分の声の自由さを体験できる音楽授業」。どれもなかなかいい響きのように思えるのです。

そして「声遊び」には，それを実現することのできる可能性があるのです。

「声遊び」分類表　(詳しい見方は P24を参照)

声遊びの分類	収録番号	活動名	いろいろな声色	地声・裏声	伸ばす・切る	はっきり発音	声の重なり	
いろいろな声色で遊ぶ	1	いろいろな「ア」	◎		○			
	2	蚊がとんできたぞ	◎				○	
	3	吹き出しの形で	◎			○		
声を上下に動かして遊ぶ	4	ボールに合わせて		◎			○	
	5	あっちむいてアー	○	◎				
	6	スライド・ホイッスルのように	○	◎				
	7	声でウェーブ		◎			○	
	8	あみだくじのように		◎			○	
声を伸ばしたり切ったりして遊ぶ	9	コマに合わせて			◎		○	
	10	お経のように		○	◎			
	11	シャボン玉と声			◎	○		
はっきり発音して遊ぶ	12	カードで当てっこ				◎		
	13	ピッパッポッ		○		◎		
声を重ねて遊ぶ	14	やまびこごっこ			○		◎	
	15	不思議な輪唱			○		◎	
	16	不思議なハーモニー			○		◎	
	17	クラスターづくり			○		◎	

◎＝ねらい１　　○＝ねらい２

発声技能	想像力	声の特性	〔共通事項〕※	対象学年
	○	表現の工夫をねらう	ア：強弱，音高 イ：反復	低・中
	○	複数の子どもが同時に声を持続する	ア：音色，音の重なり，発音 イ：呼びかけとこたえ	低・中
	○	表現の工夫をねらう	ア：音高，速度，強弱，間 イ：呼びかけとこたえ	中・高
		ポルタメントを用いる	ア：音高，音の重なり イ：音楽の縦と横との関係	低・中
		次の音にパッと移動する	ア：音高，間	低・中
		ポルタメントを用いる	ア：音高，フレーズ イ：反復	低・中
		ポルタメントを用いる	ア：音高，速度 イ：反復	低・中
		次の音にパッと移動する	ア：音高，間，音の重なり イ：音楽の縦と横との関係	中・高
○		一定の高さで声を持続させる	ア：音高，強弱，音の重なり	低・中
○		一定の高さで声を持続させる	ア：音高，音の重なり，フレーズ イ：反復	中・高
○		複数の子どもが同時に声を持続する	ア：音高，強弱，間	中・高
○		一定の高さで声を持続させる	ア：発音，音の重なり	中・高
○		擬声語を組み合わせ構成を工夫する	ア：音高，間 イ：音楽の縦と横との関係	低・中・高
		強弱をつけて声で表現する	ア：強弱，間，音色 イ：反復	低・中
		声の重なりを味わう	ア：リズム，拍，音の重なり イ：反復	低・中・高
		声を一定の高さで保ちながら重ねる	ア：音高，強弱，音の重なり イ：音楽の縦と横との関係	中・高
		声を一定の高さで保ちながら重ねる	ア：音高，音の重なり	中・高

※学習指導要領に示されていない「音高」「発音」「間」も含めて記載

「声遊び」分類表の見方

　「声遊び」は，あくまで楽しい遊びなのです。しかし，授業時間で行う活動ですから，先生としては「この遊びではこういう音楽の力がつきます」「子どもはこういう音楽の要素を操作しています」と説明できることが大切です。

　そこで，学習指導要領の〔共通事項〕と関わらせながら，17ある「声遊び」を分類し表にまとめました。授業で扱う際に，ぜひご活用ください。

◆　ねらい

　「活動名」の右側に，「いろいろな声色」「地声・裏声」「伸ばす・切る」…という項目があります。これが，子どもが操作する音楽の要素となります。「声のコントロール」と言い換えることもできます。

◆　発声技能・想像力

　この項目は，「声遊び」の中でも特に「発声技能」と「想像力」の向上が見込めるものに印がついています。どちらも，歌唱にとって重要な力です。

◆　声の特性

　「ねらい」を少し具体的に示してあります。ここを見ると，「この活動では，声をこのように操作します」ということが分かるようになっています。

◆　〔共通事項〕

　学習指導要領との関わりが示してあります。また，「音高」「発音」「間」といった，「声遊び」ならではの要素も追加しました。ここを見ると，学習内容についての説明や評価基準の設定に役立ちます。

◆　対象学年

　実践を通して，「この活動はこの学年が１番楽しめていたな」というところから判断しています。ですから，学級の実態に応じて柔軟に捉えてください。特に「中・高」と記されているところは，中学年では難易度が高い場合や，声変わりの高学年には難しい場合などがあります。

（笠原　壮史）

2章

声を出すのが楽しくなる！「声遊び」のアイデア＆授業レシピ

17の「声遊び」のアイデアと，その実践事例を紹介しています。予想される子どもの反応，先生が押さえておくべきポイントもバッチリです！

いろいろな「ア」

「ア」なら「ア」だけ，「イ」なら「イ」だけというように，母音1文字だけで声による様々な表現を工夫したり，友達の表現を模倣したりする活動です。たった1文字でも多くの表現ができることに気付いてほしいのです。

⌇**この活動で重要な〔共通事項〕**

ア音楽を特徴付けている要素…強弱，音高　**イ**音楽の仕組み…反復

1 手順

1 「ア」にはどんな言い方があるか，意見を出し合います。

2 1人が自分の好きな言い方で「ア」を言い，それを全員で模倣します。これを順番に行います。

3 1人ずつ「ア」の違う言い方をしてリレーしていきます。

4 「イ」や「ウ」，「エ」，「オ」でも同様にいろいろな言い方を工夫して，模倣したりリレーしたりして楽しみます。

2 活動の目的と身に付く力

・この活動では，母音1文字だけでどれだけ異なる表現ができるか，表現の
　工夫をすることが目的です。
・友達の表現を模倣することで，自分では思いつかなかった表現を手に入れ，
　互いに表現の幅をさらに広げていくことも，目的としています。

3 指導のポイント

・単に声の強さや高さ，長さを変えるのではなく，例えば「ア」なら，がっ
　かりしたときの「あ～ぁ」，驚いたときの「アッ！」，あくびをしたときの
　「あ～」など，様々な場面を思い浮かべて表現を工夫するとよいでしょう。
・気をつけることは，例えば「イ」なら，「イッ」や「イー」など，つまっ
　たり伸ばしたりするのはよいのですが，「イヤー」とか「イライラ」など，
　別の文字が入ってくるような言い方は含めないようにするということです。
　他の文字が入ってくると，声の表現というより言葉の遊びになってしまう
　からです。母音のみで工夫するようにしましょう。

実践　いろいろな「ア」

1 ◀ まずは先生のまねっこから

　「これから先生がいろんな言い方で『ア』と言います。合図をしたら，先生とそっくりに『ア』と言いましょう」と指示します。声の種類は「普段の話声」「極端に高い裏声」「極端に低い声」の３種類の高さに絞り，大袈裟に差をつけて表現します。ここではあえて多くのバリエーションは出しません。また，長さも「アッ」「アッ」と短く切った表現だけにとどめておきます。こうすることで，子どもがまねしやすくなります。また，この後に子どもが自分で考えていろいろな「ア」を出す活動になるので，「先生から多くのバリエーションを出さない」ということがとても大切ですね。

　先生のまねをしている子どもの様子をよく見て，子どもの表現をどんどん価値付けていきます。ポイントは「先生とそっくりかどうか」。「○○君，先生とそっくりだったね！」「先生は今，確かにそういう声で『アッ』と言ったよ」と一人ひとりの表現を価値付けていくと，「そっくりな声を出すぞ」という意識が共有されていきます。先生の表情や姿勢までまねしている子どももいて楽しいですよ。場合によっては，「先生は何種類の『ア』を使い分けているでしょうか？」とたずねてみてもおもしろいかもしれません。まねするポイントが，よりはっきりとしてきます。

2 ◀ 先生の役目を子どもにゆだねる

　先生のまねをくり返した後，「先生の代わりをやってみたい人はいますか？」とたずね，先生役を子どもにゆだねます。やってみたい子どもを先生の隣に呼び，「○○さんの『ア』はどんな『ア』かなぁ？　みんな，そっくりにまねするんだよ」と声をかけます。

　はじめの何人かは，先生がやっていた３種類の「ア」のいずれかを出しま

す。しかし，先生役をどんどん交代して
いくうちに，そこから外れた表現をする
子どもが現れます。例えば，ものすごく
大きな声（ほぼ叫び声）で「アー！」と
言ったり，すごく長く伸ばしたりする表
現です。もちろん，まねする側の子ども
も反射的に叫んだり伸ばしたりします。

すると，「先生がやっていたのと違う『ア』でもいいのだろうか？」という
疑問や，「そんなに叫んではいけない」という意見が出てきます。

　そこで，「なるほど！　高い低いだけじゃなくて，大きい『ア』や長い
『ア』もあるんだね！」と大袈裟に驚いてみせます。そして，「みんなだった
ら，どんな『ア』にしますか？」とたずねます。これが，「自分で考えて自
由に表現をしてもよい」という合図になります。こうなると，堰を切ったよ
うに「ハイハイ！」となることが多いですね。表現意欲に満ち溢れている状
態といえるでしょう。

3 一人ひとりに表現させる

　まねをする活動を十分に楽しんだところで，今度は１人ずつ，全員が表現
できる時間を取ります。電子オルガンなどに内蔵されているリズムマシンで
簡単なリズムを流し，席に座っている子どもの間を通りながらテンポよく合
図を送って表現させます。みんなで輪になってやるのも面白いですよ。そし
て，できるだけ多くの子どもの表現を価値付けていきます。

　この価値付けの仕方によって，子どもの表現が変わっていきます。例えば
「音高」に絞って価値付けていけば，子どもは声の高さを工夫しますし，全
てを「おもしろい！」と価値付けていけば，「人とは違う表現」を目指すよ
うになっていきます。つまり，価値付けの仕方で授業の方向が決まっていく
ということですね。

4 ◀── 意図のある表現へ

「先生のまね → 友達のまね → 即興的な表現」と進めてきたところで，今度は「意図のある表現」につながるような活動に取り組ませます。

例えば，次のようなやり取りでシチュエーションや感情を加えていきます。

Ｔ：街で偶然先生を見つけたときの「ア」！

Ｃ：アッ！（驚き）

Ｔ：すごく欲しいものが手に入ったときの「ア」！

Ｃ：ア〜！（喜び）

Ｔ：テストの点数が悪かったときの「ア」！

Ｃ：アァ……（悲しみ）

Ｔ：担任の先生にいたずらがばれたときの「ア」！

Ｃ：（息をのんだ感じで）アッ（恐怖？）

などなど，あえて感情を表す言葉を入れないようにして「お題」を出しているのですが，子どもの「ア」には（　）に示したような感情が表現されています。それを捉えて，下のように価値付けます。

Ｔ：すごく欲しいものが手に入ったときの「ア」！

Ｃ：ア〜！

Ｔ：今の「ア〜！」は，どういう気持ちだったのかなぁ？

Ｃ：とってもうれしい感じ

Ｃ：喜んでいる感じ

Ｔ：そうかぁ！　喜んでいる感じだから，そういう「ア〜！」になるんだね。みんなは「ア」だけでも気持ちを表すことができるんだね。

ここでの価値付けは，今後の歌唱活動につながる極めて重要なポイントで

す。なぜなら，子どもが「声で感情を表現することができる」という知識を得るだけでなく，「自分にはそういう力があるんだ」という自信をも得ることができると思うからです。つまりここでの価値付けによって，この活動が「気持ちを込めて歌う」という歌唱でもっとも大切にしたい部分につながっていく活動となるのです。

🖋️ **ここがポイント**　「○○の気持ちを込めて『ア』と言いましょう」と言うのではなく，子どもの声に感情がのったところを捉えて，「そんなことができるんだね！」と驚いて見せることがとても大切です。

　この活動に取り組んだ後，あるクラスがおもしろいことを始めました。じゃんけんをして負けた人が勝った人の後ろにつながっていく有名な音楽遊び，『かもつ列車』をしたときのことでした。なんと，「かもーつれっしゃー」と歌うところを「アアーアアッアー」というように，「ア」だけで歌い出したのです。子どもの応用力には驚かされますね。「いろいろな『ア』」から歌唱へとスムーズにつなぐことのできる方法を，子どもに教えてもらいました。

歌唱とのつながり　「母音だけで歌う」というのは「ヴォカリーゼ」といって，歌唱の大切な基礎練習の１つです。「いろいろな『ア』」の延長で，いろいろな歌を「ア」だけで歌うことは，歌唱技能の向上にとても有効です。

2 蚊がとんできたぞ

いろいろな声色で遊ぶ

蚊になったつもりでハミングしながら室内を歩き回るという活動です。子どもたちは，いつのまにかハミングを楽しんでいることでしょう。発展として，手づくりのカズーで同じように活動してもよいでしょう。

この活動で重要な〔共通事項〕

ア音楽を特徴付けている要素…音色，音の重なり，発音　イ音楽の仕組み…呼びかけとこたえ

1 手順

1 子どもたちは，机や椅子のない広い空間に，バラバラに立ちます。

2 1人が蚊の役になり，「ン～」とハミングしながら，足音を立てずに歩き回ります。

3 蚊の人は，少し歩いてから誰かの肩を刺すようにチョンとつつきます。

4 蚊の役を交代し，今度は刺された人が蚊になって歩いていきます。これをくり返します。

2　活動の目的と身に付く力

・この活動では，子どもたちがハミングに慣れ，楽しんでハミングを行うようになることを目的としています。カズーを用いれば，楽しさがさらに増すことでしょう。
・大きな声を出すわけではないので，恥ずかしくて大きな声で歌えないなど，歌うことに苦手意識をもっているような子どもでも，あまり抵抗を感じないで声を出せるようになるのではないかと期待しています。

3　指導のポイント

・空間に対して子どもの人数が多すぎると，蚊の役の子どもがうまく歩き回れません。ぶつからないよう，少し空間に余裕のある人数にしましょう。
・いつまでも蚊の役が回ってこないと，立っている子どもはつまらなく感じてしまいます。子どもの人数が多ければ，蚊の役は2人にしてもかまいません。
・蚊の役が回ってきたら，ハミングがいい加減にならないようにするため，走らず静かに歩き回るようにしましょう。
・蚊になって歩き回っているうちに息が足りなくなったら，素早く息継ぎをして，ハミングがなるべく途切れないようにしましょう。
・蚊の役の人は，まだ蚊の役が回っていない人をさがして交代するようにしましょう。全員に蚊の役が回ったら，終わりにします。
・蚊の役の人は，役になったとたんに誰かをすぐ刺して交代しないように，ハミングをしながら少し歩き回ってから交代するようにしましょう。
・ハミングは，ときどき上下に揺らしたり，少し強弱をつけたりしてもよいでしょう。

1 ◀ 唇を閉じて「ん————」

　「先生と同じような声を出せるかな？」と言って，唇を閉じて小さな声で「ん————」と蚊の羽音のまねをします。そんなに難しいことではないので，子どももすぐにまねし始めます。すると大抵の場合，「蚊の音みた～い」という声が上がるでしょう。出てこなければ，「先生は，実は蚊のまねをしていました」と言ってしまっても問題ありませんね。

　先生のまねをしている子どもたちの口をよく見てみます。唇を閉じている子どもと，開いて「う————」と言っている子どもがいると思います。この活動ではハミングの（ような）響きを楽しんで欲しいと思っているので，厳密に言えば唇は「閉じる」が正解です。しかし，唇を閉じたら全然声を出せなくなる，という子どももいると思います（私自身がそうでした）。ですから，「う————」と言っている子どもを決して否定することなく，「あの子は『うー』だな」と，先生が分かっているだけでよいと思います。

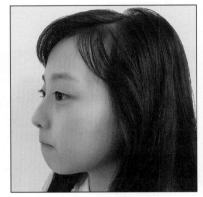

「ん————」の口

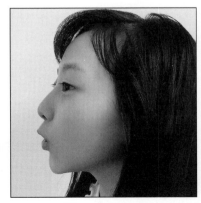

「う————」の口

　先生のまねを少しくり返したところで，「○○さんの蚊はどんな音？」「△△さんは？」というようにたずねて，一人ひとりが表現できる時間を取ります。もちろん，「いや，ぼくはちょっと……」と思っている子どもに無理はさせません。自

分なりの蚊を披露してくれた子どもの表現をしっかりと価値付けすることが，ここでの教師の重要な役割となります。

　ここで気をつけたいのは，子どもが「今日はこういう声で遊ぶんだな」ということを分かっているかどうかです。「蚊のものまね」という活動自体がおもしろいので，どうしてもふざけ始める場合があります。先生は，子どもの表現をおもしろがりながらも，「声の使い方」について価値付けしていくことが大切ですね。

> ✍ここが**ポイント**　唇を閉じた状態で声を出すと，その人が本来もっている声の質や声量が分かると言われています。この活動を通して，子どもの声の特性を確認することができます。

2 ペアで「チクッ」と

　さて，今度はおとなりさんとのペア活動です。

　「『ん───』と言って，『今だ！』と思うタイミングで『チクッ』と言っておとなりさんの腕を軽くつつきます。つつかれたら，今度はおとなりさんが蚊になって『ん───』と言います」と説明します。ただこの説明，口頭だけではなかなか伝わりにくいようです。ですから，子どもに手伝ってもらって実際にやって見せることをオススメします。

　そして，すぐに活動開始。すると，いくつか問題が出てきます。例えば，ずっと「ん───」と言っていておとなりさんに言わせないペアや，逆に「ん」「ん」「ん」「ん」と短く交代しながら「ただのつつき合い」になっているペアなどです。せっかく楽しく遊び始めたところですから，そういったペアを直接注意するのではなく，「少し困っているペアがあるようなのでルールを補足しますね」と言って，一旦活動を止めます。

補足のルールとして，次の２つを伝えます。

①息継ぎはしないで，息が切れる前に「チクッ」とする。
②ちゃんと「チクッ」と言って，パスをする感じで交代する。

　もちろん活動開始前に説明してもよいのですが，どうしても説明が長くなってしまいますので，まずは始めてみて，子どもの様子を見ながらルールを追加していくほうがよいと思います。

　ペア活動では，全員が何度も「蚊」の役を経験することができます。先生は，誰がどのように「蚊のまね」をしているのか聴き取りながら歩き回るようにすると，一人ひとりの表現を確認することができます。そして，できる

だけ多くの子どもの表現を価値付けていきます。ときどきおもしろい表現をしている子どもを取り上げ，全体に紹介するというのもよいかもしれません。

3 ◀ みんなで「チクッ」と

　ペア活動を十分に楽しんだところで，今度は人数を増やして８人くらいのグループで円になって活動します。グループの１人が最初の「蚊」になって，円の中を「ん───」と言いながら歩き回り，息が切れる前に誰かに「チクッ」とパスします。すると，刺された人が次の「蚊」になって，「ん───」と言いながら円の中を歩き回るということになります。

　ペア活動のときよりも声を出している人数が少ないので，「誰と誰の声が重なって，こんな響きになっている」ということを聴き取りやすくなります。例えば，高い声で「ん───」と言っている子どもと，低い声で言っている

子どもとを取り上げ，「この2人の声が混ざるとこんなふうになるんだよ」というように紹介していくと，活動の楽しさに加えて「音（声）の重なり」に子どもの意識が向いていきます。他にも「震えた声と真っ直ぐな声」や，「音程が下がっていく声と上がっていく声」，「4人で合わせた声」など，いろいろな「重なり」を試すことができたら楽しいですね。

ここが**ポイント**　グループ活動になると，蚊の役をしている子どもの人数が少なくなるので，「声の重なり」を取り上げやすくなります。子どもが「声を重ねるとおもしろい」と思えるように声がけしていきます。

4 最後は想像をふくらませて

この活動の最後には，「あなたはどんな蚊の音を出しているの？」とたずねてみます。子どもの想像力はすごいもので，「怒っている蚊」とか「腹ペコの蚊」，「嬉しいことがあった蚊」など，様々な意見が出てきます。

先生は，「怒っている蚊だったら，どんな声になりますか？」「腹ペコの蚊だったら？」というように，子どもの発言をもとに声による表現をさせていきます。そして「なるほど〜！」と大袈裟に感心しながら，「みんなで試してみようか」と全体に広げていきます。

想像をふくらませて「ん———」と言い始めると，子どもの表現はさらに多様になります。声の強弱はもとより，歩く速さも変わりますよ。中にはめいっぱい表情までつくる子どももいます。こうなると，単なる「声遊び」の域を出て，感情や体の動きも加わった，言ってみれば「総合的な表現」になってきますね。

歌唱とのつながり　口を閉じて「ん———」というのは，かなり自由の利かない声の出し方です。とにかく大きな声が出ないのです。それを利用することで，「声が重なるってこういうことか」という体験をさせられたら理想的ですね。

いろいろな声色で遊ぶ

3 吹き出しの形で

吹き出しとは，漫画の中での登場人物のセリフを線で囲んだものです。丸かったり角ばっていたり，破裂したような形だったりフワフワした雲のような形だったりと，様々な形があります。その形からどんな会話なのかを想像し，意味のない言葉を用いてペアの相手と会話をしてみるという活動です。

この活動で重要な〔共通事項〕

ア 音楽を特徴付けている要素…音高，速度，強弱，間 　イ 音楽の仕組み…呼びかけとこたえ

1 手順 ♪♪

1 3種類の吹き出しの形を紙に描いておき，黒板に貼ります。2人の人物が会話をしているという場面です。

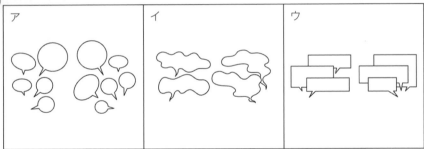

ア 　　　　　　　イ 　　　　　　　ウ

2 吹き出しの形から，どのような会話だと思うか，意見を述べ合います。

例えば…
ア 2人が短く交互に話している。
イ 2人がダラダラと眠そうに話している。
ウ 2人が難しい話をしている。

3 ペアになり，アの吹き出しを「パピプペポ」だけで会話してみましょう。

4 イの吹き出しを「ヤユヨ」だけで，ウの吹き出しを「ダジヅデド」だけで会話してみましょう。

5 それぞれのペアに，ア，イ，ウのどれかを選んで，会話を発表してもらいましょう。

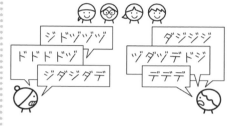

---

2 活動の目的と身に付く力

・この活動では，吹き出しの形からイメージを広げ，オノマトペを使った会話的な表現を工夫することが目的です。
・相手とのやりとりを楽しむ中で，声の高低や強弱，会話のスピード，相手との間合いなどを即興で工夫していきますので，瞬間的な判断力，対応力，即興力が伸びると考えられます。

---

3 指導のポイント ♪♪

・アの吹き出しでは，短く交互に会話するだけでなく，一言ごとに声の高さを変えると，さらに楽しくなるでしょう。
・イの吹き出しでは，「ヨヨ〜」「ヤ〜」というように声を引き伸ばしながら，ゆっくり会話してみましょう。
・ウの吹き出しでは，落ち着いた声で淡々と会話してみましょう。高い声より低い声のほうが合いそうです。
・ **5** の活動では，発表された会話のどんなところがよかったか，意見を述べ合うようにするとよいでしょう。

1 ── どんな表情をしていると思いますか？

「吹き出しの形で」では，子どもが想像力を働かせて声を出すことを大切にしています。ですから，できるだけ「これはこうです」と言わないようにして，子どもに「たずねながら」進めるように心がけました。

まず，プレゼンテーションソフトで作成したスライド1を，テレビ画面に映します。左右に男の子と女の子を配置しているのですが，目，口，鼻はあえて入れず，表情も想像できるようにします。そして，「この2人は何をしているのだと思いますか？」とたずねます。

スライド1

すると，ほとんどの子どもが「お話をしている」と答えるので，「さすがですね〜，2人でお話をしているんだね」と言ってすぐにスライド2に切り替えます。

スライド2には会話していることが分かる「吹き出し」が現れます。

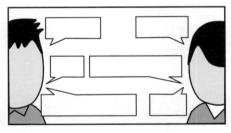

スライド2

いかにも無機質な吹き出しですね。ここで，「どんな表情でお話をしていると思いますか？」とたずねます。多くの子どもは，「まじめな顔」「真顔」「無表情」と答えます。すかさず，「どうして『まじめ』とか『無表情』だと思ったのですか？」とたずねます。子どもは，「だってこれ（吹き出し）がカクカクしているから」「これがきれいに（規則正しく）並んでいるから」というように，そう思った理由を説明します。

> ✍ ここが**ポイント**　少しまどろっこしいようにも感じるのですが，この後の
> 活動を踏まえて，この段階で吹き出しの形，並び方，数を意識させておくほうが
> よいと思います。想像力を働かせている子どもとのやりとりを楽しみましょう。

② どんな声でお話していると思いますか？

　吹き出しの形から表情を思い浮かべることのできた子どもに，いよいよこ
の活動の主発問です。「まじめな顔のときって，どんな声でお話しすると思
いますか？」とたずねます。ただ，言葉で説明するのは難しいですし，いつ
までたっても「声遊び」になりません。ですから，「まじめな顔で『こんに
ちは』と言ってみましょう」と伝えて，子どもに声を出させます。

　ほんの一言ですので，ここではできるだけ多くの子どもに「こんにちは」と
言ってもらいましょう。そして，「○○君，確かにまじめな声ですね」「○○さ
んのまじめな声はそういう感じなんですね」と，一人ひとりの表現を価値付
けていきます。1人ずつ全員の「まじめな『こんにちは』」を聴けたら理想的で
すね。「まじめな『こんにちは』」の表
現を聴き終わったところで，「これだ
ったら，どんな『こんにちは』にな
りますか？」と伝えて，画面をスラ
イド3に切り替えます。スライド3
の吹き出しは，形は丸く，不規則に
並んでいて，数が多くなっています。

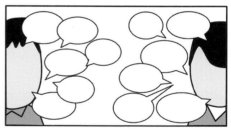

スライド3

　絵を見た瞬間，早口で「コンニチハ」と言う子どもがいます。また，すご
く高い声で言う子どももいます。さらに，「コンニチハ，コンニチハ，コン
ニチハ」と素早く連続で言う子どももいます。そういった子どもは，吹き出
しの形と表現とを関係付けて表現している子どもです。「なるほど〜！」と
驚きながら，「素早い言い方になるんだね」「高い声になるのかぁ」「早いだ

けじゃなくて，連続で言うんだね」と大いに価値付けます。「まじめ」のときは，声色（音色）についての価値付けでしたが，ここでは，速度や音高，間への価値付けもできます。

続けて，「では，これだったらどんな『こんにちは』になりますか？」と，スライド4を映します。スライド4の吹き出しは，形は弱々しい線で細長く，一応規則的に並んでいて，数は少なくなっています。これを見た子どもは，「こ〜〜んに〜〜ちは

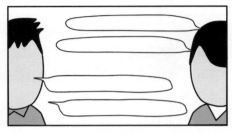

スライド4

〜〜」と，スローモーションのように表現します。すごく低い声で言う子どももいます。弱々しく震えた声でゆっくりと言う子どももいます。弱々しい表現のときは，高い声の場合もありますね。先ほどと同様に，「すごくゆっくりな言い方にしたんだね」「低い声を使うのかぁ」「弱々しい感じにしたんだね」と，子どもの表現を価値付けましょう。

この後にスライド2〜4を，フラッシュカードの要領で次々とランダムに表示していきます。子どもは，画面に現れた吹き出しに合わせて，即興的に「こんにちは」を表現していきます。画面はプレゼンテーションソフトで作っていますので，こういった遊びも簡単に楽しむことができますね。

3 お友達と会話してみよう

「吹き出しの形に合った声で，おとなりさんと会話をします」と説明し，続けてまじめな顔で「ただし！　この人たち，実は決まった文字しか使えません」と伝え，スライド5を映します。そして，「やってみるので，先生のお手伝いをしてくれる人はいませんか？」と例を示します。1種類だけ示して他は子どもに任せる場合もありますが，最初は3種類ともやって見せたほうが子どもも安心して取り組めるようです。「2人で相談して，どの吹き出

しで会話するのかを決めてくださ
い」と指示して，ペア活動を開始し
ましょう。

　さて，この会話遊びですが，少し
恥ずかしがっている子どもや，ペア
の片方だけが話し続けるグループな
どが出てきます。学級の雰囲気にも

スライド5

よりますが，この活動では「男子同士」「女子同士」でペアを組むほうが，
楽しみやすいようです。先生がそういったペアのところに行って，「ちょっ
と先生にもやらせて」と一緒にしてあげるのも効果的です。

4 　子どものアイデアから発展

　　　　　　　　　　　　ペア活動をしていると，「先生，吹き
出しを途中で変えてもいいですか？」と
か「自分と相手で違う吹き出しを使って
もいいですか？」「新しい吹き出しを考
えたよ」なんてアイデアが出てくること
があります。ぜひ取り入れて，活動を発
展させていけたら最高ですね。

　子どもからアイデアが出されたときには，「どの吹き出しを使うの？」「こ
の吹き出しだったらどんな声でお話するの？」と，吹き出しと声への意識が
途切れないようにする声がけが必要かもしれません。

**歌唱との
つながり**　　この活動は，「目で見た情報から表情や会話をイメージして，声色，
速度，発音の強さ，強弱を決めて表現する活動」です。実は，音符の種類（リ
ズム）や並び方（旋律の動き），歌詞を見て歌い方を決めていくことと同じで
すね。

声を上下に動かして遊ぶ

ボールに合わせて

最初は先生が動かすボールの動きに合わせて声を上下させ，次に黒板に描かれた1本の線に合わせて声を上下させます。さらに，線を2本にし，2つのパートに分かれてそれぞれの線の動きを声で表現していきます。つまり，ボールの動きが2本の線による図形楽譜へと発展していくのです。

この活動で重要な〔共通事項〕

ア 音楽を特徴付けている要素…音高，音の重なり　イ 音楽の仕組み…音楽の縦と横との関係

1 手順 ♪♪

1 　先生が横に移動しながら上下に動かすボールに合わせ，「アー」と声を出します。

2 　次は，黒板に描かれた曲線を先生が棒でなぞり，それに合わせて声を出します。

3 線を2本にします。2本の線の関わり方を工夫して描きましょう。

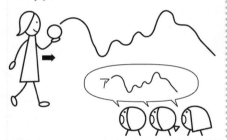

4 先生は黒板に縦に棒を当て，左から右へゆっくりと動かします。子どもたちは２グループに分かれてどちらかの線を担当し，棒が当たっているところの線の上下に合わせて声を出します。

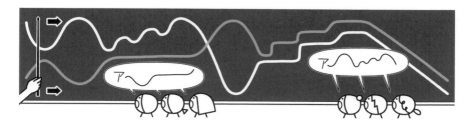

2 活動の目的と身に付く力 ♪♪

・この活動はボールの動きで始まり，それが発展して２本の線による図形楽譜となっていきます。つまり，２つのパートからなる声の高低だけでできた音楽の創作と，その記譜を行っているのです。

・２つのパートが，互いにもう一方のパートの動きを意識しながら声を出していきます。このようにして声の重なりの様々な形を味わうことは，合唱に取り組む前の段階として，有効な経験になるのではないでしょうか。

3 指導のポイント ♪♪

・■の活動では，先生は片手でボールを持ち，子どもたちの前で右から左へ（子どもたちから見れば左から右へ）一定の速さで横に動きながらボールを上下に動かしていきます。

・■の活動では，チョークの色を変えて２本の線を描きます。

・２本の線は，関わり方を以下のようにいろいろ工夫して描きましょう。

　◇一方はほとんど直線，もう一方は曲線ばかりにしてみる

　◇一方の動きをもう一方が少し遅れて追いかけるようにしてみる

　◇互いに鏡に映ったように逆方向に上下してみる

1 ◀ まずは「真ん中」を決めてからスタート

　「先生がこうやってボールを出したら，『あー』と声を出します。ボールを引っ込めたら声をピタッと止めます」と説明します。「せーの！」と合図して，ボールを握っている腕をピシッと素早く肩の位置で伸ばします。そしてサッとボールを引っ込めます。すごく長い時間伸ばしたり短く引っ込めたりしながら楽しく繰り返すと，真ん中の声を確認しながらルールを共有していくことができます。

> ✍ ここが**ポイント**　この活動は，第三者のボールの動きに合わせて声の高さを上下させる活動です。声を出す側がある程度の見通しをもてるように，ボールを動かす人（最初は先生ですね）は，まず真ん中のポーズを示しておきます。右の写真のように，肩の高さを真ん中とすると，声を出す側にとってもボールを動かす側にとっても分かりやすいようです。

　次に，「こんなふうにボールが上に行ったら高い声，下に行ったら低い声にします」と伝えます。「せーの！」と合図して，肩の位置でボールを出し，少ししたらボールをゆっくりと上下します。子どもは，ボールの動きに合わせて声をずり上げたりずり下げたりします。ここでも，ボールを動かす速さに変化をつけて楽しみます。ただし，ボールを複雑に動かさないようにしましょう。変えるのは速さだけで，動き自体は単純な上下運動に留めておくことが大切です。

　この活動では，「ボール」というのが意外と（？）重要です。何も持っていない腕を上下させるよりも，子どもは動かし方を工夫します。また，声を出す側の子どもの反応も，ボールがあったほうが格段によくなります。視覚

的にうったえる要素によって集中力が高まるのでしょう。

2 子どものアイデアをどんどん採用

活動に慣れてきたら，「先生の代わりをしてくれる人～？」とたずねて，ボールを上下させる役を子どもにゆだねます。すると子どもは，どんどん複雑にボールを動かし始めます。

どの動きに対しても，「おもしろいね～」「なるほどね～」と価値付けていくのですが，やたらと速い上下運動には一度ストップをかけることをオススメします。なぜなら，声はそんなに素早く上下させられないからです。つまり，子どもが声をコントロールできなくなって，「ボールの動きに合わせる」ということがあいまいになってしまうのです。「みんながついてくることのできる速さでボールを動かす」ということを共有しておく必要があります。

子どもから出てきたボールの動きの中から特徴的なものを，黒板やホワイトボードに線で描き表します。だい

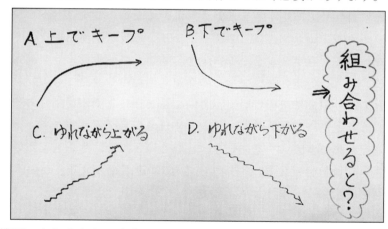

たい右の4種類にまとめられ，あとはそれらの組み合わせにということになります。音楽づくりの授業でよく見る，「旋律の形」のようになりますね。この板書によって，全ての子どもが，ボールの動かし方についての見通しをもつことができると思います。

ここまでの流れでは，まだ限られた子どもだけがボールを動かしています。

やはり全員に自分の動かし方を試してもらいたいですよね。そこで，おとなりさんとのちょっとしたペア活動に取り組ませます。まず，2人に1つボールをわたします。じゃんけんで勝ったほうがボールを動かし，負けたほうがそれに合わせて声を出す，1回終わったら役割を交代する，というルールを伝えます。こうすると，みんなの前に出て表現することに抵抗のある子どもも，自分なりの表現をすることができます。

3 ボールを持って歩いてみよう

　今度はボールを上下させながら横に歩いていきます。

　まず，床にビニールテープなどを使ってスタートとゴールの目印をつけます。長縄を床に這わせるというのも簡単です。こうすると，声を出すタイミングと止めるタイミングが，床の目印によって固定されます。つまり，「楽譜に合わせて演奏する」という形に近くなるのです。

　ボールを動かす人は，スタートラインの少し手前から歩いてきて，ラインを越えてからボールを上下に動かし始め，ゴールラインを越えたらやめます。このとき，一定の速さで歩くのか速さを途中で変えてもよいのかは，子どもとのやり取りで決めていくとよいでしょう。先生が「一定の速さで歩きましょう」と言って始めれば，子どものほうから「歩く速さを変えたい」という意見が出てきます。そのときは「なるほど，それもおもしろいですね！」と大いに価値付け実際にやってみると，「速さを変える」という工夫が子ども発の工夫になります。もしかしたら，「途中で止まる」とか「ゴールラインの前でゆっくりする」というような工夫も出てくるかもしれません。前者は「フェルマータの表現」ですし，後者は「リタルダンド」です。4年生くらいでしたら，「楽譜の記号とつなげて教える」ということもできますね。

　さて，ここで少し注意することがあります。この活動では，どうしても「ボールを動かしている子ども」に注目してしまいがちですので，「声を出している子ども」の様子をよく見ることを忘れないようにしましょう。

4 ◀ **2人に合わせて**

　この活動を少しだけ発展させて，2つの旋律を重ねる活動をしてみましょう。といっても難しいことはありません。ボールを持つ人を2人にして，1人は左から，1人は右からスタートするようにするだけです。そして，声を出す側の子どもたちに，「自分がどちらのボールの動きに合わせるか決めましょう」と指示します。すると，なんだか不思議な重なりができあがります。また，2人がスタートするタイミングをずらす，というのもおもしろいですね。おもしろい追いかけっこになりますよ。

歌唱とのつながり　第三者が操作するボールの動きによって声を変化させる活動ですから，自分の意思では出したことのない高い声や低い声を出すことになります。もしかしたら，自分にとってもっとも出しやすい声域を知ることができるかもしれませんね。自分の声の可能性に気付くことのできる活動だと思います。

5

声を上下に動かして遊ぶ

あっち向いてアー

「あっち向いてホイ」という遊びがありますね。ペアになり，1人が指差す方向につられないようにして，もう一方が首を動かすという遊びです。ここでは首を動かす代わりに，高い声か低い声で短く「ア」と言うことにします。さて，指につられずに声を出すことができるでしょうか。

この活動で重要な〔共通事項〕

ア 音楽を特徴付けている要素…音高，間

1 手順

1 ペアになり，向かい合って座ります。

2 1人が「あっち向いて」と言った後で，上下どちらかを指差します。

あっちむいて

3 1人が指差すと同時に，もう1人は高い声か低い声のどちらかで「ア」と声を出します。

4 指差した方向と声の上下が一緒だったら，アウト。役割を交代しましょう。

2 活動の目的と身に付く力

・この活動では，相手の指差す方向につられないように，高い声か低い声の
　どちらかを瞬間的に判断して出すことを楽しみます。
・いつでも高い声や低い声が出せるように，自分の声の高さをコントロール
　する力が育ちます。
・即座に判断する力や集中力も育つでしょう。

3 指導のポイント

・声を出すほうの子どもは，短い「ア」で，「できるだけ低い声」か「でき
　るだけ高い声」のどちらかを出すようにします。「なんとなく高い声」「な
　んとなく低い声」だと声の高さにあまり差がないので，どちらの声を出し
　ているのかが分かりにくいからです。遊びを始める前に，「高い声はこん
　な声ね」「低い声はこんな感じ」と，相手に自分の声を聞かせ合っておく
　とよいでしょう。
・声を出すほうがつられてしまったら，つまり，相手が上を指差したときに
　高い声を出したり，下を指差したときに低い声を出してしまったりしたら，
　役割を交代します。
・声を出すほうがうっかり中途半端な声を出して，高い声か低い声か判断で
　きないような場合も，交代することにしましょう。
・「ア」と言うタイミングが遅れてしまった場合も，交代します。
・もし「できるだけ高い声」と「できるだけ低い声」の2種類では簡単すぎ
　るようだったら，「中ぐらいの声」を加えて3種類にしてみましょう。そ
　の場合，指差す方向は，「上を指す」「下を指す」「前を指す」の3種類と
　なります。

1 リズム打ちから始めてみよう

　この活動に取り組もうとしたとき，「子どもにとってどのような音楽の学習になるだろう？」と考えてしまいました。教師側にとってみれば「声の高さを自分の意思でコントロールする練習になる」と分かっているのですが，子どもにとってはどうでしょうか？　ただ「あっち向いてホイ」で遊んでいる感じになってしまう可能性が高いと思います。そこで，リズム打ちから始めて，リズム学習の延長として取り組むことにしました。

　ご存知の通り「あっち向いてホイ」は，じゃんけんから始まります。「じゃんけんポン　　あっち向いてホイ」をリズムに直すと次のようになります。

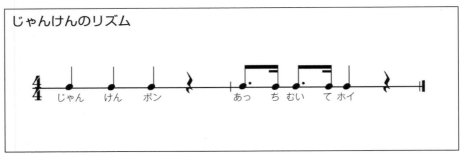

じゃんけんのリズム

　まずは，このようなリズム打ちに取り組ませます。「先生のまねをしてリズムを叩いてみましょう」と説明し，「タンタンタン（ウン）　タッカタッカタン（ウン）」と叩いてみせます。こうすると，いかにも「タッカのリズム学習」になりますね。3年生くらいになれば，音符の仕組み（「タッカ」で「タン」1つ分）まで教えることもできます。

> **ここがポイント**　子どもに「音楽の学習」としてのストーリーをもたせると，子どもにとっても「音楽の学習」という意識をもたせることができます。
> 今回はリズム学習のストーリーにしてみました。

先生が「タンタンタン（ウン）」と叩いたら，子どもが「タッカタッカタン（ウン）」とつなげる活動もおもしろいと思います。「先生→子ども」のやり取りに慣れてきたら，子ども同士でペア活動に取り組ませるなど，「子ども→子ども」のやりとりになるようにしてあげるとよいでしょう。

　このリズムをくり返していると，「じゃんけんポン」と言い出す子どもが現れることがあります。そんなときは「よく気付いたね〜！」と大袈裟に驚いてみせましょう。もちろん，「実はじゃんけんのリズムなんだよ」と伝えてあげても問題ありません。

　じゃんけんのリズムであることを共通理解すると，当然「『タッカタッカタン（ウン）』は何のリズムだろう？」となります。すぐに「あっち向いてホイだ！」と気付く子どももいるでしょう。中には，「あいこどうするの？」という疑問も出てくるかもしれません。「あいこは『タンタタタン（ウン）』となりますね」と，3種類のリズムパターンを全員で理解します。そして，「みんなは，こんなにいろいろな種類のリズムを小さいときから自然に分かっているんですね！」と大いに価値付けます。

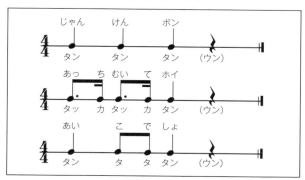

2 リズムに合わせて「あっち向いてホイ」

　「あっち向いてホイ」のリズムを十分に理解したところで，「それでは実際に『あっち向いてホイ』をやってみましょう」と伝え，しばらく子どもの様

子を見ます。すると，リズムに関係なく遊び始める子どもと，リズムを意識して遊んでいる子どもとに分かれます。一旦活動を止めて，リズムを意識している子どもを褒めましょう。このタイミングで，先生がリズムを言ってあげたり，打楽器で叩いてあげたりすると，子どもがさらにリズムを意識することができます。

3 ← 声の上下を確認しよう

「あっち向いてホイ」は，指を上下左右に動かして顔の方向を当てる遊びですね。そこで，「声にも上と下があるんですよ」と説明します。ここで，「声や音の場合は，『高い声（音）』『低い声（音）』と言います」と，音楽における言葉の使い方を教えるのもいいかもしれません。

「○○さんの高い声ってどんな声？」「それじゃあ低い声は？」というように，子どもとのやりとりで高い声と低い声への理解を進めることも考えられますが，私の場合は「先生のまねをしてごらん」と言ってお手本を示すようにしています。高い声は裏声で「アー」と言い，低い声は胸を鳴らして「アー」と言います。低い声のときは，「オ」の発音に近い「ア」を使うとより分かりやすくなります。音の高低を判別することは，子どもにとって難しいことのようです。ですから，音の高低差が大きい大人の声の方が，子どもにとっては理解しやすいのです。

4 ← 「あっち向いてアー」

いよいよ「あっち向いてアー」のルール説明です。これがなかなか伝わらないので，説明の際には注意が必要です。

まず，じゃんけんをして，勝ったほうが「あっち向いて」と言って「アー」のタイミングで指を上か下かに向けます。指を動かすときには何も言いません。負けたほうがタイミングを合わせて，高い声か低い声で「アー」と言い

ます。指の向きと声の高さが同じだったら勝ち，違っていたら次のじゃんけんへ，となります。勝敗のルールは，子どもの意見を聞きながら柔軟に変えていってもいいと思います。難しいのは，「指を動かすときに何も言わない」というところと，「『アー』というときに顔も動いてしまう」というところでしょうか。ただ，あくまでも「楽しい音楽遊び」ですので，失敗しても笑いながら進めていけたらと思います。

　この活動では，「自分の意思で高い声か低い声かを決めて発声する」ということが大切な学習内容です。高い声と低い声とを分かりやすく表現できている子どもを取り上げ，大いに価値付けることが重要な教師の役割となります。じゃんけんに勝ったほうの子ども，つまり声を出していない子どもに「今，〇〇君はどっちの声を出したかな？」とか「すごく分かりやすく声を出しているお友達を紹介してください」とたずねてみるのもよいでしょう。

> ✎ **ここがポイント**　高い声と低い声との違いを出そうと一生懸命に表現している子どもを見つけてこまめに紹介すると，どんどん盛り上がっていきます。

> **歌唱との つながり**　　歌唱の基本は，「音程や音色をねらって声を出す」というところにあります。ただ子どもには，「音をねらう」という意識はほとんどありません。「あっち向いてアー」の活動は，自分の意思で「高い声」を出すのか「低い声」を出すのかを決めて発声します。つまり，「ねらって声を出している」ということです。この活動自体に音程はないのですが，その後の歌唱活動において「正しい音程をねらう」「曲の雰囲気に合った音色をねらう」という意識につながる活動といえます。

声を上下に動かして遊ぶ

スライド・ホイッスルのように

スライド・ホイッスルから出された音をまねて，声をなめらかに上下させたり細かく動かしたり，音の動きを手の動きに置き換えたりする活動です。

この活動で重要な〔共通事項〕

ア音楽を特徴付けている要素…音高，フレーズ　イ音楽の仕組み…反復

1 手順 ♪♪

1 先生はスライド・ホイッスルを使って，いろいろな吹き方をしてみせます。

大きく上下する	細かく震える	震えながら上がる
同じ高さを続ける	短く切りながら上がる	上がりながら切る

2 先生は，上の吹き方の2つをつなげた短いフレーズを吹き，子どもたちはそれをすぐに声で「ア〜」とまねをします。

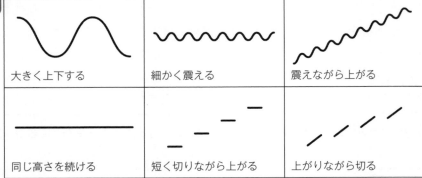

3 先生の手の動きを「ア〜」と声に置き換えてまねをします。	**4** 先生が出す声の動きを聴きながら，手の動きで表します。

・音の動きを声でまねたり手の動きでまねたりすることで，また，逆に手の動きを声に置き換えたりすることで，まねっこを楽しみながら，声と動きとを関連付けて感じとれるようにします。

・声で様々な動きをすることで，声の高さを思い通りにコントロールする力が伸びるでしょう。

・スライド・ホイッスルは，プラスチック製のものが楽器店で手に入ります。

・では前ページに示した6種類だけでなく，「斜めに上がる」「斜めに下がる」「震えながら下がる」「同じ高さで短く切る」「短く切りながら下がる」「下がりながら切る」などの吹き方も考えられます。

・**2**では，先生は子どもたちが一息でまねできる長さで吹きましょう。

・**3**では，先生は2種類の吹き方をつないで手の動きで示します。

・でも，先生は2種類の吹き方をつないで声の動きで表します。

・**3**，**4**では，希望する子どもがいたら先生役をしてもらいましょう。

・吹き方を1種類ずつ，前ページのように線でカードに描いたものを用意し，そこから2枚選んで声や手の動きで表すという方法も考えられます。つまり，カードに描かれた線が楽譜になるわけです。

1 スライド・ホイッスルの旋律を声でまねする「笛まね」活動

スライド・ホイッスルには，鍵盤もなければリコーダーのような決まった指使いもありません。つまり音程に切れ目がなく，ポルタメントのような旋律を表現することができるのです。音楽室を見渡してみても，このような旋律を表現できる楽器は他には見当たりません。しかし，声なら同じように演奏することができます。さすがに全員に1本ずつ用意することは難しいので，今回は「スライド・ホイッスルを吹くのは先生」という形で進めました。

まず，「先生が吹いた音を声でまねしてみましょう」と説明し，不規則にいろいろな旋律を吹きます。すると子どもは，実に楽しそうに思い思いの発音でまねし始めます。もちろん，子どもが即興的に表現している発音を拾って，「それでやってみようか」というのもおもしろいのですが，ある程度自由な発音で楽しんだ後に，「Ma」か「Mu」の発音でまねするように指示します。

> **ここがポイント** まねするときの発音は，先生が決めたほうが子どもは取り組みやすいようです。母音だけだとフレーズの始まりが分かりにくいので，子音のある発音の方が楽しめます。オススメは唇を柔らかく閉じる「M」の子音，つまり「マ行」の発音ですね。

ここでは，「先生→全員」「先生→1列」「先生→1人」というようにしながら，できるだけ多くの子どもが自分なりの「笛まね」を披露できるようにします。そして，「そうかあ！　確かにそう聴こえるね！」「なるほど，○○

君はそういうふうにまねするんだね」と大いに価値付けます。ポルタメントのような表現がはっきりと聴き取れた場合には，「すごい！ 本当にそっくりだね！」と特に強調して価値付けます。すると「まねするポイント」が，子どもの中で明確になっていきます。

2 旋律の動きを手の動きで表す

即興的にまねをしていると，自分の声の高さに合わせて手を動かす子どもが出てきます。ここですかさず，「もしかして，手も笛の音に合わせているのですか？」とたずねます。そして，「この音だったらどうやって手を動かしますか？」と問い返しながら，スライド・ホイッスルの旋律に合わせて手を動かすことを全員で共有します。

ここまでは「先生→子ども」という流れで活動が進んできていますが，今度は「先生に問題を出してくれる人？」とたずね，「子ども→先生」となるようにします。つまり，子どもの手の動きに合わせて先生がスライド・ホイッスルを吹くという活動です。

ここで一工夫。「先生のテクニックではその手の動きに合わせられないなぁ」と困ってみせます。そして，「先生のかわりに〇〇君の手の動きに合わせて歌ってくれる人はいませんか？」とすることで，「子ども→子ども」という学習になります。

何組かの子どもに代表してやってもらいながら，「今はこういう手の動きだったから，こういう歌い方だったんだね」と手の動きと旋律の関係について丁寧に解説します。そして，「おとなりさんと相談して，手を動かして問題を出す人と歌う人とに分かれてください」と指示し，ペア活動に取り組ませます。一度終わったら役割を交代し，全員が「手の動きで旋律を表す」役と「手の動きに合わせて歌う」役の両方を体験できるようにします。

3 ◀ 声をつないで旋律づくり

　ペア活動の様子をよく見ていると，子どもが表現している旋律は，大きく右の４種類に分類されることが分かります。これらを「A君とBさんのペアはこういう動きだったよ」「C君とDさんは……」というように，紹介しながら板書していきます。

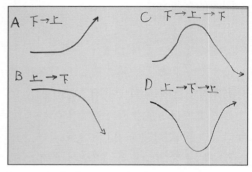

　「４種類の旋律を使いましょう」といった先生からの提案ではなく，子どもの即興的な表現を紹介する形を取ることで，子どもの表現を生かした旋律づくりにつないでいくことができます。

　先生が板書の線に沿って手を動かして，子どもがそれに合った声を出し，一旦全員で４種類の旋律を確認します。旋律の確認と同時に，「○○君の高い声はそういう感じなんだね。じゃあ低い声は？」といったやり取りをしながら，「できるだけ低い声」や「できるだけ高い声（できれば裏声）」というのを共通理解します。

　このような，子どもにとっては少しつまらないかもしれない確認作業をしていると，「つなげてやってみたい」という意見が出てくることがあります。先生から「４つをつなげてみましょう」と指示してもいいのですが，子どもから出てきたらうれしいですね。

　１人でつなぐ活動を何度かくり返した後に，４人１組でつなぐ活動に取り

組ませます。つなぐときの条件は次の３つです。

①１人１種類　②４つの旋律を全て使う　③順番は何でもよい

　そして相談タイムとなるわけですが，上手く役割分担ができてすぐに試し始めるグループもあれば，なかなか決まらないグループもあります。「つながったグループから先生に聴かせにきてね」と伝えておくと，短時間で話がまとまることが多いようです。先生に聴かせてくれたグループには，「別のつなぎ方を考えてみて」と伝えます。

　一度聴かせ終わったグループは，必ずと言っていいほど「同じのをくり返してもいい？」「２人で同時に歌ってもいい？」など，条件を逸脱しようとします。実はこうなってほしいから，最初の条件にあえて②を加えているのです。こうすることで，反復することや旋律を重ねることが，

つなぎ方を相談中

「子どもが発見した新たな工夫」となります。もちろん「それもおもしろいね！」と価値付け，「先生に一度聴かせにきたグループは，くり返したり同時に歌ったりしてもいいことにします」と，新たな条件を全体で共有します。各グループが，「おもしろいつなぎ方」を追究しはじめたら，この活動は大成功ですね。

歌唱とのつながり　スライドホイッスルの旋律を声でまねすると，なぜか「裏声」を使う子どもが増えます。音域に合わせて地声から裏声へと移行することや高音を裏声で伸ばすことを，遊びの中で自然に体験することができます。つまり，声帯や腹筋を柔軟に使う練習にもなるというわけです。

7

声を上下に動かして遊ぶ

声でウェーブ

競技場の観覧席で，観客が椅子から立ち上がって両手を上げ，また座るという動作をどんどんリレーしていくウェーブが行われることがありますね。それに声もつけてみようという活動です。

この活動で重要な〔共通事項〕

ア音楽を特徴付けている要素…音高，速度　イ音楽の仕組み…反復

1 手順

1 椅子を円形に並べて座ります。

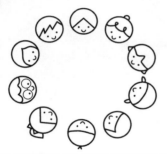

2 椅子からゆっくり立ち上がりながら両手をそろえて上げていき，万歳の形になったらゆっくり手を下げ，座ります。

3 ②の動作をリレーで行います。前の人より少し遅れて次の人が動作を始めるようにしましょう。

4 動きに合わせて「ウ〜（低い声）〜ワ〜（高い声）〜ウ〜（低い声）」と声を出します。

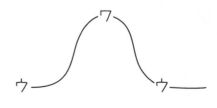

2 活動の目的と身に付く力

・「ウ～ワ～ウ～」だけの簡単なパターンが，少しずつずれながら，動作と
　共に円の中を動いていきます。つまりこれは輪唱なのです。動作を伴って
　いるので，今，誰に伝わっているのかが視覚からも捉えられ，活動がより
　楽しく感じられるでしょう。
・椅子に座って手も下ろしているときは低い声で「ウ～」，立ち上がるにつ
　れて声をなめらかに上げていき，万歳の形のときには高い声で「ワ～」，
　手も腰も下ろしていくにつれて声も「ウ～」と下げていきます。つまり，
　体の伸び縮みを伴って声に高低をつけていくのです。動きを伴うことで，
　子どもたちが声の高低をより感覚的に捉えられるのではないかと思います。
・様々な速さでウェーブを行うことによって，そのときの速さにうまく合わ
　せていく力が伸びるでしょう。

3 指導のポイント

・前の人が立ち上がり，万歳の形になるあたりで次の人が立ち上がり始め
　るようにすると，スムーズに流れるでしょう。
・最初のうちはウェーブをゆっくり回し，慣れてきたら少し速く回してみた
　り，うんとスローモーションにしてみたりして，楽しむことができます。
・動作はせず，声だけでウェーブを試してみてもいいですね。その際も，前
　の人が「ウ～」から「ワ～」に移ったあたりで，次の人が「ウ～」を始め
　るとよいでしょう。

1 活動形態を整えよう

　この活動は，椅子に座った状態から始まります。もし机が無い音楽室であれば，右の図のように始めると活動の内容も伝わりやすいですし，活動形態を整えるわずらわしさも軽減されます。

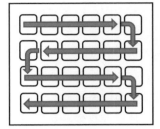

　特に低学年にとっては，「椅子を持って先生の指示通りに形態を整える」というのはなかなか難しいですよね。ただ，この形態ですと，先生が椅子と椅子の隙間を通って合図を出すことになるので，そこがやりにくいと思います。この後の活動のことを考えると，やはり円になって行う方が楽しいでしょう。

　そこで，じゃんけんをしながらつながっていく『かもつ列車』を使います。全員が一両の列車になったところで，「きれいな円をつくりましょう」と指示し，円になったらその場に座らせます。そして，「自分の

場所をしっかりと覚えてね。今から自分の椅子を取りに行って，同じ場所に戻ってきて，椅子を丸く並べます。上手に並べられるかな？」というようにすると，比較的スムーズに整えられます。

2 体の動きを覚えよう

　まずは，この活動での「体の動き」を教えます。ウェーブを教えるのではなく，一人ひとりの体の動きです。なぜなら「ウェーブ」をつくり出すためには，全員が同じ動きをする必要があるからです。

「椅子から立ち上がって，また座る」という，たったそれだけの動きなのですが，「同じスピードで」となると意外と難しい。「先生の腕が上にいったら立ち上がり，下に行ったら座ります」と説明し，「せーのっ」と合図して腕を動かします。サッと素早く立ち上がる子どももいれば，遅れて立ち上がる子どももいます。いろいろな立ち方・座り方をする子どもの中から，先生の腕のスピードに合わせている子どもを見つけて，「○○さんはスピードまで合わせていましたよ！　素晴らしいですね！」と思いっきり褒めましょう。

　全員が「そうか，スピードも合わせるのか」と理解したところで，腕の速さを変えて遊びます。ものすごく速いのも盛り上がりますし，逆にものすごく遅いのも盛り上がります。全員がピタッと同じタイミングで座れたら，「みんなの気持ちが1つになったね！」と価値付けます。

　立ったり座ったりを十分に楽しんだところで，腕の動かし方を教えます。始まりは腕を腿の上に両手をピタッとのせた状態（①），立ち上がるスピードに合わせてだんだんと上にあげていきます（②），完全に立ち上がったときには万歳の状態（③），最後は座ると同時に腿の上にピタッ（④）となります。

🖋**ここがポイント**　ここまでは，「みんなの動きがそろう」ということを楽しみます。ただ，単調になりやすい活動だと思いますので，速さを変えたりグループ対決をしたりと，展開を工夫する必要があるでしょう。そろったときに，子どもから「お〜！」という歓声が上がったら理想的ですね。

3 ウェーブを楽しもう

　みんなの動きがそろったら，いよいよウェーブです。

　まず，先生が子どもの円の真ん中に立って，写真のように片腕を肩の高さで真っ直ぐ前に伸ばします。指先までしっかりと伸ばしましょう。次に，「これから先生がゆっくりと回ります。先生の中指の先が自分の前にきたら，さっきの動きをします」と説明し，さっそくやってみます。この遊びは，あまり細かく説明しても伝わらないようです。「では，○○さんからスタートします。せーのっ！」と声をかけて，とにかくスタートしてみましょう。

　1周目のときはいろいろな子どもがいます。指先がきたときに，練習通り立ち上がって腕を上げて座れた子，立ち上がりかけてすぐに座った子，立ち上がったけど腕を上げるのを忘れた子，まったく反応できなかった子などなど。すかさず，「立ち上がって腕を上げるところまでできたかな？」とたずねてみます。すると大抵の場合，「先生の手が行ってしまったらすぐ座るんですか？」という質問がきます。子どもから出てこない場合は，こちらから「手を上げるところまでいかずに座っちゃった人もいましたねぇ。どうしたのかな？」というようにたずねてみてもいいかもしれませんね。

4 声でウェーブ

　さて，先ほどの質問に答える必要がありますね。ここで，「声を合図にすること」を提案します。「動きに合わせて，『う〜わ〜う』というタイミングにしましょう」と説明し，「腕が一番上になったときに『わ〜』で，最後の『う』のときに手はお膝に戻ってくるんだよ」と，実際にやって見せながら

補足します。念のために，先生の声に合わせて一度みんなでやってみるとよいでしょう。

「先生の指先がきたら，『う〜わ〜う』だよ」と声をかけて，ゆっくりと回ります。何度かやっているうちに，だんだんウェーブになってきます。形になってきたら「なんだかウェーブみたいになってきたねぇ」と驚いて見せると，子どもも「なるほど，ウェーブか」となりますね。そして，

「先生役をやってみたい人はいますか？」とたずね，できるだけ多くの子どもに真ん中で回ってもらいます。子どもによって回るスピードが変化するので，より楽しむことができます。

> ✎ ここが**ポイント**　「う」で始まって「う」で終わるということを合図とすることで，体の動きとしてのウェーブ遊びが声遊びとなっていきます。

最後に，「どうも，みんなの動きがウェーブになっているだけじゃなくて，声もウェーブになっているみたなんだけど，ちょっと確かめさせてくれるかな？」と，不思議そうにたずねます。そして，「また先生が回るので，手がきたら立ち上がらずに声だけで『う〜わ〜う』って言ってみください」と指示し，ゆっくりと回り始めると，「声のウェーブ」ができあがります。

> **歌唱とのつながり**　この活動のおもしろいところは，声を出すときには合図があるのですが，声を止めるときの合図が無いというところです。自分の体の動きに合わせて声を止める。まさに，声と体の動きとのリンクによって成立する活動ですね。「ウェーブをつくり出す」ということが共通理解されてくると，今度は自分の前後の友達の動きとの関連も考えることになります。

8 あみだくじのように

声を上下に動かして遊ぶ

あみだくじでは，縦と横の線を交互に動いていって，最後にたどりついたところに書いてある数字や言葉によって，何かが決まります。そのやり方で楽譜をつくり，楽譜に従って声を出していくという活動です。

> **この活動で重要な〔共通事項〕**
> **ア** 音楽を特徴付けている要素…音高，間，音の重なり　**イ** 音楽の仕組み…音楽の縦と横との関係

1 手順

1 下のように，黒板に縦と横の直線を描きます。横の直線は常に3本です。

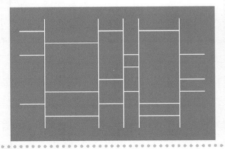

2 2つのグループに分かれ，まずAグループが左から右へ線を選びます。

3 Bグループは，残った線の中から線を選んで左から右へ進みます。

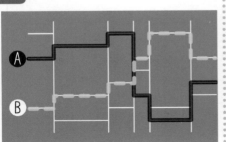

4 横の線が変わるところで「ゴ・ザ・ド・バ」を1文字ずつ当てておきます。

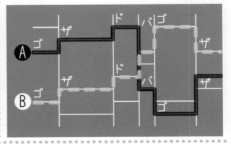

5 先生は黒板の下の端を指示棒の先でなぞり，その進行に合わせて「ゴーザードーバー…」と歌います。線の高低は声の高低を表します。ＡとＢを合わせてみましょう。

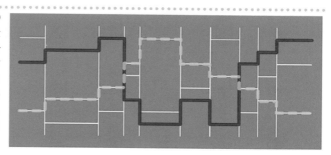

2 活動の目的と身に付く力

・この活動では，声の高低と声の長さの変化だけでできた音楽に取り組むことで，拍のない音楽を味わうことがねらいです。

・あみだくじを応用した楽譜を用いることで，五線譜だけが楽譜なのではないことを知り，図形楽譜に親しむようになるでしょう。

3 指導のポイント

・**1**で，縦の直線の幅は，広いところや狭いところがあるようにしましょう。横の線も，開いていたり寄っていたり，不規則にしましょう。

・あみだくじでは，横の線は一番近いものを選ぶことになっていますが，ここでは遠い線を選んでもよいことにします。

・Ａグループの線とＢグループの線の上下が，途中で入れ替わってもかまいません。むしろそのほうがおもしろいでしょう。

・ここでは歌詞「ゴザドバ」としましたが，意味のない４文字の言葉であれば，なんでもかまいません。

・まずグループ別に練習します。声の高さをグループ内でそろえるとよいでしょう。それから２つのグループを合わせて，二部合唱しましょう。

・縦の線を通るときは，２グループ同時に声の高さと言葉を変えます。

1 ← 「声の道」をつくろう

まず，授業開始と同時に右のような画面を電子黒板に映します。左端の少し長い縦線は，右に向かってゆっくり動いていくようになっています。特に説明は

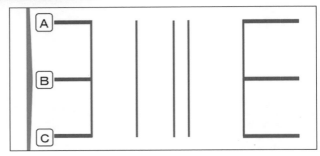

せずに少し待っていると，当然子どもはザワつき始めます。クラスの様子にもよりますが，いきなり「今日は○○をします」と言ってしまうよりは，子どもに「なんだ？なんだ？」と思わせてから説明するほうが，ワクワク感が増すことが多いですよね。画面と同じものを先生が黒板に黙って描き始めるというのも，子どもの「なんだ？なんだ？」という感じが背中越しに伝わってきて楽しいですよ。

子どもが画面に関心を示したところで，物語を語るように説明を始めます。「ここに，ＡＢＣ３つの『声の道』があります。しかし，見ての通り途切れてしまっています。まずは，みなさんにこの道をこんなふうにつないでもらいたいのです」と言って，縦線と縦線の間に電子ペンで横線を加えます。

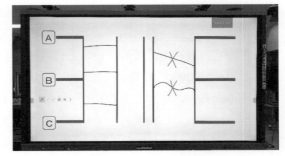

横線を加えている写真

このときに，「縦線と縦線の間は３本にする」「斜めの線や曲線はなし」というルールも説明してしまいます。実際に描いて見せているので，すぐに何

をすればよいか伝わります。子どもが「描きたい！」となったところで，電子黒板の「戻る」をタップして，先生の描いた横線をパッと消します。これが，電子黒板の便利なところですね。黒板だと，縦線を消さないように横線を消すには，かなりのテクニックが必要ですから。

　今度は子どもが横線を加える番なのですが，「描いてくれる人はいますか？」とすると，全員描きたいので大変なことになりがちです。先生のほうで，「最初はこの列の４人に描いてもらいます」と，指示を出したほうがスムーズかもしれません。そして，１人が３本の横線を描き込みます。ようやく「声の道」ができあがりましたね。

2 「声の道」をたどって声を出してみよう

　「『声の道』は，こんなふうに進んでいきます」と言って，太いマーカーモードで電子黒板の線をたどっていきます。横に進むあみだくじの場合，曲がり角で上に行くのか下に行くのかを選ぶ必要があります。ただ，「自由に選んでよい」とすると分かりにくいようなので，次のようなルールを設定します。

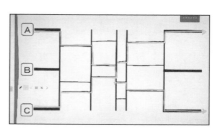

進み方のルール
①Aの道は上から下に進む
②Cの道は下から上へ進む
③Bは自分で選びながら進む

　このルールに合わせて「声の道」をたどっていくと，上の写真のようになります。まずはAの道をたどって，「Aは高い声から始まって，低い声になっていきますよ。ここが一番高い声で，ここが一番低い声になるね」と説明し，全員で声を出してみます。「音の変わり目が分かりやすいように，『ララ』でいきます」と伝え，はじめはゆっくりと「ここで変わるね」と確認しながら進めていきます。

慣れてきたら「1人チャレンジ」をしてみるのもおもしろいですね。この
ときに，横線と横線の幅に合わせて音程の下げ具合を変えている子どもがい
ます。つまり，落差が大きければ一気に下げ，小さければ少ししか下げない
子どもです。「あれ!?　〇〇さん，こことこことで下げ方を変えてなかっ
た？」と大袈裟に全体に紹介します。そして，「どう
して変えているんだと思いますか？」と全体に問い返
すと，「だって，こことここの幅が違うから」と答え
ます。横線の幅の違いを意識して声を出すということ
が共有されます。Aの道を丁寧にたどったら，今度は
Cの道を同じようにたどります。

> ✍ここが**ポイント**　この活動では，横線と横線の幅に合わせて音程の落差を
> 変える意識をもたせたいですね。無意識のうちにそうしている子どももいるの
> で，ぜひ先生が発見して価値付けましょう。

③　どっちの道を進む？

　AとCを全員でたどったところで，
「Aの道を行くか，Cの道を行くか，
自分の行きたい道を決めましょう」と
伝えます。子どもから「Bは？」と質
問がくるので，「Bは特別なので後で
ね」と簡単に説明しておきます。

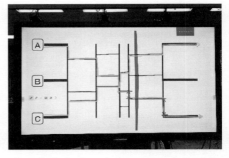

　そして，画面左端の縦線をクリック
して動かします。この縦線は，AからCまでをまとめてたどっていきますし，
一定の速さで進む（始まりと終わりはやや遅くなりますが）ので，どこで音
を変えればよいかが分かりやすいと思います。全員で何度かくり返したとこ
ろで，「おとなりさんと相談して，AとCに分かれましょう」と言って，「二

重唱チャレンジ」で遊びます。

 瞬時に判断「どっちに進む？」

　さて，問題のBの道です。「Bの道は上に進むか下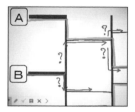
に進むか，途中で選択肢が分かれます。しかし，音楽
は一定の速さで進んでいくので迷っている暇はありま
せん」と説明をします。「こことここは分かれますね。
ここにきたら，一瞬でどっちに進むかを決めて声を出
さないといけません」と画面をたどりながらまじめな顔で説明すると，子ど
ももすぐに分かります。

　そして，Bの道を縦線の動きに合わせて全員でやってみます。一度終わっ
たところで，「○○君は，今どっちに進んだ？」とたずねます。そして電子
黒板に描き込ませ，「○○君はこんなふうに進みました」と紹介します。A
とCに比べてBは進み方が複雑なので，こんなふうに少し丁寧に紹介したり
説明したりすることをオススメします。

　Bの道を自分で決めて声を出すことを楽しんだら，ABC3つの中から自
分が進む道を決めて，合わせてやってみます。なかなかおもしろい旋律の重
なりができますよ。ここまでやって1セット。マーカーでいくつもの道が記
してある画面を電子黒板に画像として保存したら，すべてリセットします。
そして，別の4人に横線を入れてもらえば，新しい「声の道」ができあがり
ます。

　2セット目以降は，新しく言葉をつけたりグループ活動にしたり，いろい
ろなアレンジも可能ですね。

**歌唱との
つながり**　　この活動は，「声の道」に合わせて声の高さを瞬時に変えていく遊
びです。音符の位置を見て旋律を予想しながら歌う，視唱の力がつきます。

9

声を伸ばしたり切ったりして遊ぶ
コマに合わせて

何人かで一斉にコマを回し，自分のコマが回っている間は一定の高さで声を出し続けるという活動です。それぞれが自分の出しやすい高さの声を出すので，そこに偶然の音の重なりが生まれます。

この活動で重要な〔共通事項〕
ア音楽を特徴付けている要素…音高，強弱，音の重なり

1 手順

1 まず，大きな机の上でコマを回す練習をしましょう。

2 合図で一斉にコマを回し，それと同時に自分の好きな高さで声を出します。

3 自分のコマが回っている間は同じ高さで声を出し続けますが，コマが止まったら声も止めます。

4 だんだんコマが止まっていって，最後の1人になったら，その人がチャンピオン！ 拍手しましょう。

2 活動の目的と身に付く力

・歌うことに自信がなくて声を出すことに消極的な子どもでも，自分のコマが長く回り続ければ，ちょっと得意な気分になって声を出し続けることになります。子どもたちの関心が一人ひとりの声よりもコマのほうに向いているので，最後の1人になったとしても——つまり独唱になったとしても，恥ずかしさを乗り越えて声を出すことができるのではないでしょうか。
・一人ひとりが様々な高さの声を出すので，不思議なハーモニーが生まれます。それも味わいたいものです。

3 指導のポイント

・コマは2人に1個ぐらい用意したいものです。1袋に小さいコマが4個ほど入っているものが，100円ショップで売られています。
・卓球台か長机など，大きな机を用意する必要があります。
・全員が一度にコマを回したら，コマ同士がぶつかってすぐに止まってしまいます。5〜6人ずつ，少し離れて回すようにしましょう。
・「用意，スタート！」と，先生がコマを回す合図を出します。
・コマが回り始めると同時に，子どもたちは「アー」と声を出します。高さは自由ですが，コマが止まるまで一定の高さを保つようにします。
・コマが回り続けている途中で息が足りなくなったら，素早く息継ぎをして，また同じ高さで声を出し続けます。
・コマが自然に止まるだけでなく，机から落ちてしまったり，最初にうまく回せなくて全然声が出せなかったりすることもあるでしょう。そうなったら，机から少し離れて回っているコマの様子を見守るようにします。
・回り続けているコマが減っていくので，だんだん声の重なりも減っていきます。最後の1人になっても，コマが回っている間は声を出し続けましょう。それも止まったら，チャンピオンにみんなで拍手！

1　いきなりコマを回して説明を短縮

　授業のチャイムが鳴る２分くらい前，子どもがまだザワザワしているとき
に予告なしでコマを回します。机の上でも床でもよいでしょう。そして，い
きなりコマに向かって「アーーーーーーー」と言い始めます。あまり大きな
声は出さないでおきます。

　先生がいきなりこんなことを始めたら，大抵の子どもは寄ってきて「何し
てるの？」とたずねますよね（笑）。そこで，「コマより長く声を出し続けら
れるか勝負してるんだよ。なかなか勝てなくてさぁ」と困って見せます。子
どもは嬉々として「やるやる！」となります。これで，本日の活動について

の最初の説明を思いっきり短縮できます。先生が何度
かコマを回してあげているうちにチャイムが鳴るので，
「それでは，今日はコマと勝負してみましょう」と説
明します。

　今回は，左の写真のようなコマを使いました。これ
がなかなかよく回るコマで，上手く回せたら絶対に勝
つことのできないコマでした……。

2　みんなでルールを確認します

　まずは子どもたちを席に座らせて，右の写真のよ
うにコマを回す台をつくります。その台の上でコマ
を回し，「コマが回っている間，『アーーーーー』と
言い続けます。コマが止まる，または台から落ちる
前にみんなの息が切れてしまったらコマの勝ちです。
コマより長く声を伸ばし続けられたらみんなの勝ち

です」とルールを簡単に説明し，実際に何度かやってみます。

　どうしても息継ぎをする子どもがいますが，まずはそっとしておくか，「そんなに長く伸ばせるんだね！　それじゃあ，○○君とコマと先生で勝負してみようか！」と大袈裟に取り上げるか，対応はその子との関係性によって変わるでしょうか。あくまで楽しい「遊び」ですから，個人をあまり追求することはせずに全体でルールを確認していくようにしていくとよいと思います。また，床ではなく台を使う理由としては，「床ではコマが止まるまでに時間がかかり過ぎる」ということと，「床では声を出すときの姿勢が悪くなりやすい」ということが考えられるからです。子どもの腰より少し高いくらいの台を使うことがオススメです。本校では「箱型の椅子」を使っていますので，子ども用の椅子を2つ重ねたら丁度よい高さになりました。

> ✎ここが**ポイント**　ルールを説明する際は，できるだけ短くして細かいことは言わないようにします。残念ながら子どもは一度に多くのルールを覚えきれません。それよりも，大きなルールを2つくらい説明して，あとはやってみる。すると子どもの方から質問が出ますので，子どもと一緒にルールをつくっていくことができます。

3　グループでコマを回して「ア――――」

　先生がコマを回して，みんなが「ア―――――」という活動を続けていると，当然子どもは「自分でコマを回したい！」となりますよね。そこで，音楽室の中に4つのタワー（椅子を2つ重ねた台）をつくります。次に，それぞれのタワーを囲むように子どもを移動させます。そして，①コマを回す順

番を決める，②コマを回す人は声に出す文字を決める，③コマが止まる，または落ちたら次の人がコマを回す，とグループ活動の手順を説明します。最後に，「順番が決まったら，1番の人が先生のところにコマをもらいにきましょう」と言っておくと，順番決めのスピードも上がります。

　ここまでずっと「アーーーーーー」としか言っていないので，飽きてきている子どももいるはずです。そこで「他の文字でもよい」「その文字はコマを回す人が決める」とします（手順②）。文字を決める子どもは，「プ」や「ボ」といったおもしろさを求める子どももいれば，伸ばしやすさを考える子どももいます。「どの文字でもよい」としたうえで，「その文字でコマに勝てましたか？」と各グループにたずねてみるとおもしろいと思います。

　グループ活動の場面では，子どもの様子をよく見ることがとても大切です。一生懸命に声を伸ばしている子どもを見つけて，個別に目一杯褒めていきます。それと同時に，コマが止まったときにピタッと声を止めている子どもも大いに褒めます。そして，「同じ高さ」「同じ強さ」を保って伸ばしている子ども，または保とうとしている子どもをしっかりと価値付けていきます。

　きっとおもしろさに走って声を伸ばすことを忘れている子どもも出てくるでしょう。もしかしたら，コマに息を吹きかけて落とそうとする子どももいるかもしれません。注意したい気持ちをグッとこらえ，ルールの中で頑張っている子どもを褒め続けながら，そういう子どもたちが「正しく楽しめるようになる」のを待つ，そんなふうに思うのですが，やっぱり注意してしまいます……。

4 **最後は先生の出番**

　この活動に関しては，最後は先生がまとめるようにしています。もちろん，グループ活動を十分に楽しんだ後です。子どもにとっては，コマを回してコマに向かって声を出しているだけです。どうしても「早くコマを回したい！」という気持ちが先行してしまいます。

　そこで，一度活動を止めてその場に座らせます。そして，「今から１番の人がコマを回します。できるだけ大きな声でコマに勝ちましょう」というように指示を出します。次に「２番の人がコマを回します。できるだけ小さい声でコマに勝ちましょう」，さらに「３番の人が回します。裏声でコマに勝ちましょう」「４番の人が……」というように，コマを回す人と声の種類を指定していくのです。全員がコマを回せるようにくり返します。声の種類については，同じものが重なっても問題はないと思います。先生が声の種類を指定することで，子どもは声を出すために必要な息の量を，声色や声量と関係付けて体験することができるのです。これは，自由なグループ活動ではなかなかできません。この活動における大切な先生の役割ですね。

✎**ここがポイント**　まとめは先生が行います。コマを回す人と声の種類を指定し，その声を出すためにどのくらいの息を使っているかを体験させます。まとめは言語活動ではなく，「息の量に着目できるような活動」とすることが大切です。

歌唱とのつながり　この活動の特徴は，「声を出す瞬間と止める瞬間を自分の意思で決められない」というところにあります。出す瞬間も止める瞬間も，第三者（コマ）の合図に合わせなくてはならないのです。これは，「指揮者の合図で声を出したり，伸ばしている声を切ったりする」という行為に似ていると思いませんか。息の使い方を体験するだけではなく，みんなと合わせるための集中力を育てることにもつながる活動なのです。

声を伸ばしたり切ったりして遊ぶ

お経のように

ゆっくりしたテンポで，声を常に同じ高さに保ち続ける活動です。
さらに，それを少し高めの声と中ぐらいの声の2つのグループに分
けて重ねてみます。

📎 **この活動で重要な〔共通事項〕**

ア音楽を特徴付けている要素…音高，音の重なり，フレーズ　イ音楽の仕組み…反復

1 手順

1　50音表を1音1音伸ばしながら，全員
でゆっくり横に読みます。5文字ごとに
少し長く伸ばしましょう。

あーかーさーたーな———，はーまー…

2　5文字ずつの最初の文字（あ・は・
い・ひ…）は，下からずり上げて言うよ
うにします。

♪あーかーさーたーな———，　♪はー
まーやーらーわ———，　♪いーきー
しーちーに———，　♪ひーみーいー
りーい———，　♪うーくーすーつー
…

3　最後の「を」は，伸ばしながら声をず
り下げていき，小さく「ん」と言って終
わります。

…めーえーれーえ———，　♪おーこー
そーとーの———，　♪ほーもーよー
ろーを

ん

4　高めの声と低めの声の2グループに分
かれ，合わせてみましょう。

高　♪あーかーさーたーな———…

低　♪あーかーさーたーな———…

2 活動の目的と身に付く力

・この活動では，一定の高さの声を保ち続ける力が身に付くでしょう。
・高さが一定ですから，音程に気をつけなくても大丈夫。大きく息を吸って
　おなかから朗々と声を出すようにしましょう。そうすることで，声を出す
　ことの気持ちよさも感じてほしいと願っています。
・「あーかーさーたーな———，はーまーやーらーわ———…」と，同じ母
　音の文字がずっと続きますので，それぞれの母音をしっかりとした口形で
　発音する練習にもなるでしょう。

3 指導のポイント

・最初に，黒板に貼られた50音表を見ながら横に読む練習をして，それから
　この活動に入るとよいでしょう。
・**1**の活動では，声の高さがそろっていなくてもかまいません。自分の一番
　出しやすい高さの声で言ってみましょう。いろいろな高さの声が重なって，
　おもしろいハーモニーが生まれるかもしれませんね。
・**4**の活動では，高めの声で言うグループと低めの声で言うグループに分か
　れますが，それぞれのグループで声の高さをだいたいそろえるようにする
　とよいでしょう。でも，ぴったりそろえる必要はありません。

1 子どものアイデアから始めます

あかさたな	はまやらわ
いきしちに	ひみいりい
うくすつぬ	ふむゆるう
えけせてね	へめえれえ
おこそとの	ほもよろを
ん	

　予告なくテレビ画面に五十音を表示します。何の説明もなく映し出されると，子どもは自然と読み始めます。つぶやくように読んでいる子どもやいきなり大声で読み始める子ども，ゆっくりと確かめるように読む子どももいれば，やたらと早口で読もうとする子どももいます。

　このときの子どもの様子をよく見て，「大声チャレンジ」や「早口チャレンジ」「一息チャレンジ」などと進めていきます。先生が，「では読んでみましょう」と指示する場合もあるのですが，どのような学習でも子どもがやっていることをもとに展開していくほうが望ましいですよね。

　全員でいくつかのアイデアを試した後に，「○○君ならどうやって読みますか？」とたずねて，やってみたい子どもに「ひとりチャレンジ」させます。五十音全てではなく，2段くらいで止めたほうがテンポよく進みます。そして，「すごくはっきりしていたね！」「速さに挑戦したんだね！」「ゆっくりというパターンもあったのか〜，おもしろいね！」といったように，発表してくれた子どもの表現の全てを価値付けることが大切です。

> ✍ ここが**ポイント**　先生が五十音をテレビに映すことから活動が始まるのですが，その後の展開は子どものアイデアをどんどん採用していくと，活動が盛り上がります。映した瞬間の子どもの様子をよく見てみるとおもしろいですよ。

2 ← 声を伸ばして読んでみよう

五十音をいろいろな方法で読む活動を十分に楽しんだところで，「これだったらどうやって読みますか？」と言って，右図のような画面に切り替えます。

先ほどと同じように，切り替えた瞬間の子どもの様子をしばらく黙って見てみます。いろいろな読み方を見つけることができるでしょう。文字と文字との間に

| あーかーさーたーなー |
| はーまーやーらーわー |
| |
| いーきーしーちーにー |
| ひーみーいーりーいー |
| |
| うーくーすーつーぬー |
| ふーむーゆーるーうー |

「ー（横棒）」が入っていますので，「伸ばして読む」というのは全員に共通しているはずです。その中で，抑揚をつけて読んでいる子どもと，つけないで読んでいる子どもとに分かれますので，その両方を紹介します。先生が腕を上下に動かしながら「○○君はこんなふうに読んでたね」とか，腕を真っ直ぐ横に動かしながら「○○さんはこうだね」と紹介していくと，子どもが抑揚の有無を理解していきます。ここで一言。

条件○：「一息でどこまでいけますか？　速さはこのくらいです」

カウベルか何かで♩＝60くらいの拍を出します。すると，なぜか抑揚がなくなっていき，自然とお経のようになってきます。こうなると子どもも，「なんだかお坊さんみたい」と言い出したり，木魚を叩くポーズを取ったり

し始めます。カウベルの音色も影響しているのかもしれません。できればここまで待って，「本当だ。お経みたいですね。では，みんなでお経みたいに読んでみましょう」と言います。やはりここでも，子どもの発言や動作から広げていけたら理想的ですね。

3 ◀ さらに条件を加えていきます

　「お経みたいに読む＝抑揚なく読む」ということが共通理解されたところ
で，少しずつ表現の条件を加えていきます。まずは，

　条件１：「一息で，ずっと同じ大きさの声で言いましょう」

　という条件をつけます。低学年であれば，先生がお手本を示すとスムーズ
に進むと思います。できるだけ長く言いたいので，できるだけ小さい声で言
い始める子どもが多いと思います。そこで次の条件です。

　条件２：「一息で，同じ大きさで，
　　　　　　できるだけ大きな声で言いましょう」

　中には「なんで〜？」とたずねてくる子どももいるかもしれません。そん
なときは，「そんな小さい声のお経は聴いたことがないからなぁ。お経はみ
んなに聴こえるように言わないとね！」などと，もっともらしい説明を加え
ましょう（笑）。条件を加えていくにしても，子どもにとっては理由やスト
ーリーが必要ですから。

　大きな声で続けていると，「大きすぎるとお経っぽくありません」という
意見が出ることがあります。または先生のほうから「あれぇ？　なぜかお経
っぽく聴こえないんだよなぁ」ととぼけてみせるのもいいかもしれませんね。
そして，最後の条件です。

　条件３：「一息で，同じ大きさで，みんなに聴こえる声で，
　　　　　　できるだけお経っぽく聴こえるように言いましょう」

　条件２までは，比較的ピンポイントの条件でした。子どもにとってみれば，
「先生に『こうしなさい』と言われたからやっている」という受け身の状態
です。この条件３によって，子どもはようやく自由な発想で表現できるので
す。できるだけ多くの子どもに，自分なりのお経を披露してもらいましょう。
そして，全ての表現を大いに褒めるのが，大切な先生の役割です。また，友
達の表現を聴いている子どもの反応を注意深く見るようにします。ときどき
「ああ！」という反応が出ることがあります。「どうして今『ああ！』ってな

ったのかな？」とたずねてみると，「お経っぽい表現をするためのポイント」が子どもから出てきます。これは，先生が子どもを褒めながらポイントを整理するよりも価値がありますね。

4 ◀ 高い声と低い声で「お経のハーモニー」（発展例）

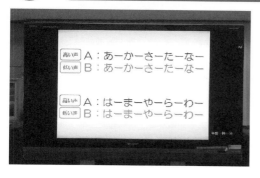

左の写真のような画面を映します。同じ文字列が2行ずつになっていて，上の段と下の段とでは色が違います。左端の四角は，上の段には「高い声」，下の段には「低い声」と入れてあります。「男子」「女子」でもいいと思います。異なる声色を重ねてみることが目的ですから，「○○君」「△△さん」でも差し支えないでしょう。

学級を2つに分けてみんなで重ねてみてもおもしろいですが，ペア活動のほうが声の重なりが分かりやすいと思います。四角の中を子どもに考えさせる，ということも考えられますね。

歌唱とのつながり

子どもにとって，同じ高さ，同じ大きさの声をキープすることは難しいことです。この活動は，「お経」というキーワードによって遊びながら自然と同じ高さ，同じ大きさの声を持続させることができます。そういった意識をもたせる練習にもなりますし，継続して取り組めば，歌うための腹筋を鍛えることにもつながる活動ですね。

声を伸ばしたり切ったりして遊ぶ

11 シャボン玉と声

空中を漂うシャボン玉に合わせて声を出すという活動です。すぐ消えてしまうのかフワフワ漂い続けるのか予測がつかないので，よく見つめていなければなりません。消えないように祈りながら，そーっと声を出しましょう。

この活動で重要な〔共通事項〕

ア音楽を特徴付けている要素…音高，強弱，間

1 手順 ♪♪

1 シャボン玉が吹かれた瞬間に，どのシャボン玉にするか，自分のシャボン玉を決めます。

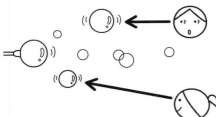

2 自分のシャボン玉の動きに合わせて「ウー」と声を出します。

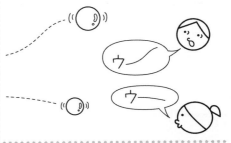

3 シャボン玉が下がってきたら声も下げ，消えそうになってきたら声を弱くしていきます。

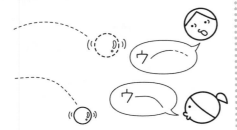

4 消えた瞬間に「タッ」と小さく舌を鳴らします。

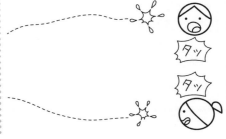

2 この活動の目的と身に付く力

・この活動では，シャボン玉の様子に合わせて声を出すのですから，シャボン玉をよく見ていなければなりません。集中力が必要になります。

・シャボン玉が上がっていくのなら声を少し高くしていき，下がっていくのなら少し低くしていきます。消えていくのなら声も弱くしていき，完全に消えた瞬間に「タッ」と舌を鳴らします。つまり，シャボン玉の動きが楽譜の代わりになるわけです。五線譜ではない楽譜です。次にどうなるか予想のつかない楽譜に，即座に自分の声を合わせていくという力が求められます。

3 指導のポイント

・この活動は，シャボン玉がすぐ消えてしまってはおもしろくありません。なるべく長くシャボン玉が空中に漂っているように，石鹸液や吹き方を工夫してください。

・当然ですが，風の影響の少ない場所で行いましょう。おだやかな日に校庭で行ってもいいですね。

・音楽の授業としてではなく，総合的な活動として楽しんでもよいでしょう。

・大きなシャボン玉が１つだけだったら，全員がそのシャボン玉を見て声を出せばよいのですが，シャボン玉が一度にたくさんできてしまったら，一人ひとりがすぐにその中の１つを選び，選んだシャボン玉に合わせて声を出していきます。その場合は選んだシャボン玉が人によって異なるので，終わりはバラバラになります。

・一人ひとり，出しやすい高さで声を出しましょう。そろえなくてもかまいません。

1 シャボン玉の代わりにレジ袋で

　この活動はとても楽しい活動なのですが，すぐに割れたり細かくなり過ぎたりと，思ったようなシャボン玉をつくることが難しく，うまく「声遊び」にならないこともあります。同じ遊びが成立するだろうと思い，シャボン玉の代わりに風船を使ってみたのですが，今度は一つひとつふくらませる準備が大変。そして，終わった後の置き場所にも困りました。

　そこで，風船の代わりに「レジ袋」。これを1人に1枚渡し，自分でふくらませるように指示します。空中で袋を振って空気を入れる子どももいれば，息を入れてふくらませる子どももいます。袋の口は自分で結ぶように伝えますが，難しそうにしている子どもは手伝ってあげます。「レジ袋」というところがポイントで，レジ袋には持ち手があるので子どもでも結びやすいのです。それに，子どもによってふくらみ方が違うので，様々な大きさの風船ができるというところにもおもしろさがあります。途中でふくらまし直すこともできますし，終わった後も結び目をほどくだけで片付けも簡単です。

2 真っすぐな「アー」とポルタメントの「アー」

　「シャボン玉と声」の活動は，「シャボン玉が飛んでいる間は声を出し続け，割れたら声を止める」ということを基本としています。「レジ袋風船」に変えたことで「割れたら声を止める」というルールが成り立たないので，「床

についたら声を止める」というルールにしました。

　まず，「今日は，この『レジ袋風船』に合わせて声を出してみようと思い

ます」と説明します。「レジ袋風船」を頭上にポーンと浮かせて，すかさず「ア―――」と声を出します。風船が落ちてくる動きに合わせているため，つい上から下へのポルタメントをつけて「ア―――」と言ってしまいがちです。しかし，ここではあえて，音程にも強さにも変化をつけずに，できるだけ真っ直ぐに「ア―――」と言います。そして，床についたら声を止めます。

　ルールはこれだけ。このとき子どもに，「先生はいつ声を止めたでしょう？」とたずねてみると，全員がルールを把握できているかどうかを確認することができますよ。そしてまじめな顔で，「一度手から離れた風船には決してさわってはいけません」と，あえて付け加えておきます。

　さあ，活動開始です。いろいろな「ア―――」という声と風船を弾く音で，音楽室の中はかなり騒然となります。その中から，まずは「上から下へのポルタメントをつけて『ア―――』と言っている子ども」を見つけましょう。見つけたら活動を止めて，「先生の『アー』と全然違う，おもしろい『アー』の人を見つけました」と言って紹介します。そして「どんなふうに違うかな？」とたずねて，「真っ直ぐな表現とポルタメントの表現との違い」が共有されるようにします。最後に，「どうしてそうしたの？」とたずねると，きっと「風船が上から下に落ちてきたから，声も上から下にした」というように答えるはずです。すかさず，「なるほど！　○○君は風船の動きに声の高さを合わせることができるんだね！」と大いに価値付けます。

3 ▸ できるだけ落とさないように

　活動を再開します。今度は，「床につく前に何度もポンポンと弾いている子ども」を見つけましょう（必ずいます！）。そしてまじめな顔でその子を呼び，「先生がこれからやろうとしていたことを，君はどうして分かったんだ」と伝え，全員に新しいルールを説明します。

　「今度は，〇〇君がやっていたみたいに，風船をできるだけ落とさないようにします。大切なルールは2つです。1つめは，風船を持たないこと。2つめは，弾くときに『アー』と言い直すこと」

　ここでは2つめのルールがポイントです。このルールによって，子どもは，「強く弾いて長く声を出すときの吸う量」と「弱く弾いて短く声を出すときの吸う量」との違いを体験することができます。また，次の声を出すタイミングに合わせて息を吸い直す活動にもなります。息の量と吸うタイミングをコントロールするというのは，歌唱にはとても大切な技能ですね。さらにもう1つ。風船を弾く瞬間に声を出すという行為は，自分が決めたその瞬間をねらって発声するということにもなります。曲の歌い出しを明確にする意識につながるのではないでしょうか。

4 ▸ グループ活動でさらに楽しく

自分の風船をポンポンと弾きながら活動している子どもを見ていると，友達の風船まで弾いている子どもがいるはずです。ここでも，「なぜ先生のやろうとしていることが分かったのだろうか？」とまじめな顔で伝えます。まずはペアで１つの風船を使い，２人で落とさないようにしながら声を出します。ここで追加するルールは，「風船を弾いた人が声を出す」ということです。これさえ徹底しておけば，同じ人が連続で弾くことがあっても遊びは成立します。

ペアでの活動になると，相手が風船を弾く瞬間に声を止めなくてはいけないのでさらにおもしろさが増します。すぐに弾き返されれば声を短く切り，相手が床につくギリギリまでねばっていたら長く出すことになるのです。ペアでの活動に慣れてきたら，４人１組での活動にします。私の場合は，４人での活動になったときに，「同じ人が連続しないこと」というルールを加えるようにしています。

友達とのグループ活動はかなり盛り上がります。その反面，声を出さずにただのバレーボール遊びになってしまうこともあるので注意が必要です。活動中の子どもの間をこまめに回って，ときどき先生が弾いて声を出してみせると，声を出す意識が持続しますよ。

> **歌唱とのつながり**　この活動は，子どもが遊びながら呼吸をコントロールしているという点で，発声技能の根幹につながっています。しかし，やはりあくまで「声遊び」ですので，風船と一緒に楽しく声を出すことが第一ですね。

はっきり発音して遊ぶ

カードで当てっこ

12

1人1枚ずつ引いたカードには，口の形で母音が1つ示されています。その母音で声を出しながら歩き回り，同じ母音を出している人を見つけてグループになります。最後には全員一緒にそれぞれの母音で声を出し，どのグループがどの母音かをお互いに当てるという活動です。

この活動で重要な〔共通事項〕
ア音楽を特徴付けている要素…発音，音の重なり

1 手順

1 下の5種類のカードをたくさん用意し，重ねてある中から1人1枚取ります。カードには，アイウエオの口の形のどれか1つが描かれています。

（ア）　　　　　（イ）　　　　　（ウ）　　　　　（エ）　　　　　（オ）

2 カードに示された口の形の母音で，小さく声を出しながら歩き回ります。

3 同じ母音で声を出している友達と出会ったら，並んで一緒に歩き回ります。

4 全員がそれぞれの母音のグループに分かれたら，グループごとにまとまって立ち，先生の合図で同時に自分たちの母音で声を出します。さぁ，どのグループがどの母音を言っていたでしょうか。

2 活動の目的と身に付く力

・この活動では，口の形を意識して，それぞれの母音（ア・イ・ウ・エ・オ）で声を出すようにすることが目的です。
・自分だけでなく，友達の口の形と声にも注意を向け，どの母音を言っているのかを目と耳で感じとるようにします。
・この活動を経験することで，はっきりした口形で発声することができるようになってほしいと思っています。

3 指導のポイント

・机や椅子がなく，歩き回るのに十分な広さのある場所で行いましょう。全員が同時に活動するには狭いようなら，半数ずつ行ってもよいでしょう。
・**2**ではゆっくりと歩き回りましょう。声を出しているうちに息が足りなくなったら，素早く息を吸って続けましょう。
・同じ母音だと思う友達と出会ったら，相手とカードを見せ合って確認し，その後は一緒に歩き回ります。
・**4**では，先生が声を出す合図と止める合図をします。他のグループに負けまいと大声でどなってしまうことのないよう，やさしい声を出すように指示するとよいでしょう。

実践 カードで当てっこ

1 カードの準備について

　本活動では,「口の絵が描かれたカード」(写真１) を用います。絵の代用として,「『あいうえお』の文字が書かれたカード」(写真２) でもできます。どちらも試してみたのですが, 絵のほうが口をはっきりと動かせる場合と文字のほうが動かせる場合と, 子どもによって異なるようです。ここでは,「文字カード」を用いた実践例をご紹介します。

　まずは,「文字カード」を１人に１枚ずつ配れるように人数分用意します。本校は32人学級ですので,「『あ』のカード」を７枚,「『い』のカード」を７枚というように,「あ」「い」「う」「え」「お」のカードをそれぞれ７枚ずつ用意しました。カードは, 画用紙をＬ版の写真程度の大きさに切って, 文字を手書きした非常に簡単なものです。

写真１：口の絵カード

写真２：文字カード

2 メリットを共有する

　この活動は,「はっきりと口を動かす」という歌唱技能の向上が主な目的となります。ですから, 最初にしっかりと「これは, みんなが今よりもはっきりと口を動かせるようにするための活動です」と伝えます。続いて「口が動かせるようになると, どんなよいことがあると思いますか?」とたずねま

す。そうすることで，「言葉がはっきりする」「歌詞がよく伝わるようになる」といったように，子どもの言葉でこの活動を行うことのメリットが共有されていきます。他にも，「口が開くから声が大きくなる」「はっきりするからみんなの声がそろう」などがメリットとして挙げられます。

　そして，「たくさんの人数で歌うと言葉がはっきりしなくなる」「言葉がはっきりと分かる歌はよい歌である」「だからこの活動に取り組むと，よい歌が歌えるようになる」ということを共通理解しておくと，子どもが活動の意味を考えながら取り組むことができます。特に，「言葉がはっきりと分かる歌はよい歌である」という理解は，学校での歌唱活動だけでなく，どのジャンルの歌唱にも共通する知識となります。

> ✐**ここがポイント**　活動のメリットは，先生が一方的に説明するよりも子どもに少し考えさせて，子どもの言葉で共通理解を図ると目的意識が芽生えます。この活動の場合は，はじめにそのような時間を取ることがオススメです。

3　はっきりとした口の動きを意識させます

　「先生が『あ』『い』『う』『え』『お』が書かれたカードを1枚出します。先生は文字が見えませんので，何のカードが出ているのかが先生に分かるように声を出してください」と説明をし，自分には見えないようにカードを1枚出します。例えば「あ」と書かれたカードが出ていれば，子どもは一生懸命に「あ———！」と言いますね。それを聴いて「『あ』…かな？」と，自信なさそうに答えます。そして，「『あ』なのか『お』なのか，ちょっと自信がなかったなぁ」ととぼけてみせましょう。すると子どもは，さらに口をはっきりと動かし始めます。

　実は，歌うときに言葉がはっきりしないのは，「ア母音」と「オ母音」の使い分けがはっきりしていないことが原因となっている場合が多いのです。それに，先生が「口をもっとはっきり動かしましょう」というよりもおもし

ろいと思います。

　自信なさそうにしたり大袈裟に悩んで見せたりしながら何回かカードを出し，子どもに「口をはっきりと動かす意識」を持たせていきます。そして，先生役を子どもにゆずり，さらに何度かくり返します。ここで8人1組くらいのグループ活動にすると，全員が確実に「当てる役」をすることができるので，さらに楽しくなります。

> ✎ここが**ポイント**　「ア母音」と「オ母音」の使い分けを意識させるために，先生が自信なさそうにしたり大袈裟に驚いて見せたりしましょう。演技力が必要ですよ（笑）。

　この活動では，褒めるポイントが「口の動き」だけですのでどんどん褒めましょう。全員を褒められたら理想的ですね。逆に，「やっていない子ども」もはっきり分かってしまうので，「注意のしすぎ」には気をつけましょう。

4　仲間探しでさらに楽しもう

　最後にもう少しゲーム性の強い活動を紹介します。
　まず，先生が35枚の文字カードをよくシャッフルし，1人に1枚ずつランダムに配ります。ルールは次の通りです。

仲間探しゲームのルール
①自分のカードに書かれた文字を言いながら音楽室を歩き回る
②自分のカードを隠して友達の口を見ながら声を聴き，自分と同じカードを持っていそうな人とグループになっていく
③全部で5グループになったら，一斉にカードを見せ合う
④グループの人が全員同じカードを持っていたらクリア

　ルールを説明してそのまま始めてしまうと，わざと分かりにくい発音をする子どもが出てくる場合があります。始める前に「できるだけ友達に伝わる

ように発音するのがよい」ということを強調しておく必要があります。

　スタートすると，音楽室の中にいろいろな声が混在することになります。先生はその中に入り込んで，活動中の子どもに近づき「何のカード持っているの？　こっそり見せて」とか，「○○君は『う』のカードを持っているね」などと小さく声をかけていきます。それがそのまま子どもの表現への価値付けとなり，モチベーションを高める効果があります。できるだけ多くの子どもに，こっそり声をかけましょう。

　最後に「『あ』のグループ」「『い』のグループ」というように5グループできあがったら座らせます。そして，「せーの！」と合図を出してカードを見せ合うようにします。

**歌唱との
つながり**　この活動は，どうしても単調になりがちな「発音練習」を遊びながらできるという点で非常に効果的です。仲間探しゲームでは，「見る」「聴く」「声を出す」という3つの活動が同時に行われます。これはまさに，「楽譜や歌詞カードを見ながら，伴奏を聴いて，歌う」という行為と同じですね。

はっきり発音して遊ぶ

13 ピッパッポッ

直線と黒丸のみの楽譜を用いた活動です。直線上のどこに黒丸を置くかは子どもたちが意見を出し合って決め，黒丸のところで短く声を出します。直線は最初は1本ですが，最終的には3本になります。つまり，短い声「ピッ」「パッ」「ポッ」を用いた3つのパートからなる作品を創作するのです。

この活動で重要な〔共通事項〕
ア音楽を特徴付けている要素…音高，間　イ音楽の仕組み…音楽の縦と横との関係

1 手順 ♪♪

1 黒板に横に直線を引き，ところどころに●を描きます。●と●の間隔を工夫しましょう。

2 先生は棒を直線の左端に縦に当て，ゆっくり右に動かしていきます。子どもたちは棒が●のところに来たら，「パッ」と言います。

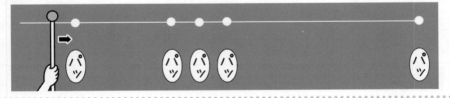

3 最初の直線の下に2本直線を平行に加え，3本にします（上下に1本ずつでも OK）。位置関係を工夫しながら，それぞれの直線に●をいくつか描きます。

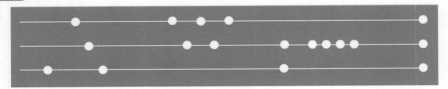

4 それぞれの線を担当する3グループに分かれ，棒の動きに合わせ，上の線は高い声で「ピッ」，中の線は普通の声で「パッ」，下の線は低い声で「ポッ」と言います。

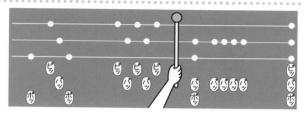

2 活動の目的と身に付く力 ♪♪

・●の位置を工夫するということは，音の無い空間の長さを工夫するということです。様々な長さの間（ま）を楽しんでほしいと思っています。

・直線を3本にすることで，「上の線のこの位置に●があるから，真ん中はそれより少しずらして●を描こう」というように，●の位置を他の●との縦と横の関係から工夫していくことになります。つまり，「音楽の仕組み」の「音楽の縦と横との関係」を意識した活動になるわけです。

3 指導のポイント ♪♪

・**1**で●を描く際，●と●の間隔がいつも同じぐらいにならないように注意しましょう。広かったり狭かったりしているほうが，楽しくなります。

・先生は，**2**で棒を動かすとき，いつも一定の速さで動かすようにしてください。棒は，小太鼓用のスティックや木琴のマレットなどを使うとよいでしょう。

・**3**では，すでに真ん中の直線に描かれている●との関わりを考えながら，上と下の線に●を描き加えていきます。例えば●の位置を3本ともそろえてみる，上から下へ少しずつずらしてみる，1本は長いお休みにして，残り2本で交互に●が来るようにする……などなど。

・**4**では，ぴったりでなくてよいですから，それぞれのグループで声の高さを何となくそろえておくとよいでしょう。

実践 ピッパッポッ

1 ピッパッポでまねっこ

「これから先生が,『ピッ』『パッ』『ポッ』のどれかを言います。合図をしたらまねっこで返してください」と指示します。先生「ピッ」→子ども「ピッ」,先生「パッ」→子ども「パッ」というように,テンポよく進むように心がけます。「先生→子ども」に慣れてきたら,「子ども→子ども」というように活動を進めていくとよいでしょう。さらに,「隣の人と違う文字を言う」というルールで順番に回していく遊び方もあります。

このとき,子どもの唇の様子を見るようにします。「パピプペポ」は,唇を閉じた状態から勢いよく発する破裂音の一種です。閉じている唇が,息の力で外側にはじかれる感じを体験させましょう。「『パッ』と言う瞬間,みんなの唇は閉じていますか? 開いていますか?」とたずねてみるのもオススメです。子どもが唇の動きを意識するようになると,自然と発音が明瞭になっていきます。

> ✍ ここが**ポイント** 「ピッパッポッ」の活動は,発音が明瞭であればあるほどおもしろさが増します。先生は,まねっこ活動を通して,子どもがどのように子音「P」と母音「I」「A」「O」を発音しているのかを確認し,必要に応じて発音が明瞭になるように指導しましょう。気が緩んでいる子は,唇も緩んで半開きかもしれません(笑)。

2 1本の棒で「パッ」

この活動は,黒板やホワイトボードを使っても十分楽しめるのですが,プレゼンテーションソフトを使うと,さらに効率よく楽しむことができます。

まず右のような，縦棒と横棒だけの画面を映します。「なんでしょうねぇ」ととぼけながら次の画面に切り替えます。横棒の上にいくつかの●（丸）が現れます。そして次のクリックで，縦棒が左から右へゆっくりと動いていきます。

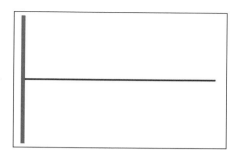

　この画面を見せながら，「縦棒が赤丸のところにきたら『パッ！』と言いましょう」と指示します。子どもは画面に向かって「パッ」「パパッ」と言い始めます。みんなで一斉に言って「パッ」がそろう感覚を楽しむのもおもしろいですし，グループチャレンジや1人チャレンジなどもおもしろいと思います。とにかく，このときの画面への集中力には驚かされます。まさに，「指揮者の合図に集中している姿」と同じですね。

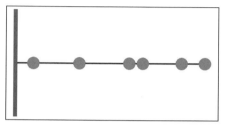

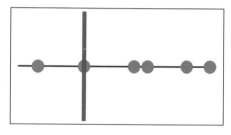

画面に集中している様子

　この縦棒は，プレゼンテーションソフトのアニメーションの機能を使っていますので，動く速度を細かく設定できます。いろいろな速度の画面をつくっておくと，クリック1つで何度も楽しむことができるので便利です。また，●の位置や数も簡単に変えることができるというのもうれしいですね。

3 ◀ ３本の棒で「ピッ」「パッ」「ポッ」

いろいろなパターンで１本の棒を楽しんだら，右の画面に切り替えます。

この画面には，もともとあった横棒の上下に，新たに２本の横棒が追加され，合計３本の横棒になります。「上は『ピッ』の棒，下は『ポッ』の棒，

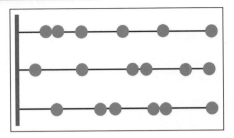

真ん中は今まで通り『パッ』の棒です」と説明します。棒の数や●の数が多いと，子どもはどこのこの●に合わせて声を出しているのかが分からなくなることが多いので，まずは全員で１本ずつ確認しておくことが大切です。

次に，先生が「この辺りのみんなは『ピッ』，この辺りは『パッ』…」というように，クラスを何となく３つのグループに分けて役割を決めます。そしてクリック。縦棒の動きに合わせてランダムに「ピッ」「パッ」「ポッ」が聴こえてきます。かなり混沌とした感じです。

ここで，「最後の●はどうなっていますか？」と子どもたちに声をかけます。最後の●は同じ場所で終わっていることに気付かせ，「終わりはそろう」ということを意識させます。ズレたり重なったりしていた「ピッ」「パッ」「ポッ」が，最後にビシッと重なって声が消えるおもしろさを体験することができます。

4 ◀ 子どもがつくる「ピッ」「パッ」「ポッ」

「ピッ」「パッ」「ポッ」がズレたり重なったりすることを楽しんでいると，「もっと細かくしたい」「●が１個だけっていうのもおもしろそう」などといった意見が出てくることがあります。そこで，新たに次のページのような画面を映します。

新しく出てきた画面では，上と下の横棒にはまだ●がなく，画面の上端に

10個の●が置かれています。そうです。上下の横棒には，子どもに●を配置してもらうのです。これもその場で簡単にできますので，子どもが直接マウスを操作してもいいでしょうし，子どもに画面を指さししてもらって，先生が動かしてあげてもよいと思います。10個の●を2本の横棒上にどのように配置するか。「5個ずつ」という条件をつけてもいいでしょうし，「あえて個数を指定しない」というのもおもしろいでしょう。「○○さんだったらどこに●をおきますか？」とたずね，1人1個の●を動かすようにすると，3〜4回で全員が参加できます。

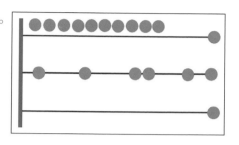

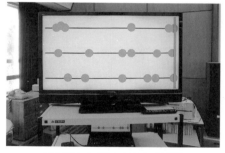

●を動かしている途中の画面

　この活動の発展として，タブレット端末に同じ画面を入れておいて，少人数グループに1台ずつ配付するということが考えられます。相談しながら，自分たちでズレや重なりをつくる活動になりますね。

ここが**ポイント**　　この活動は，子どものアイデアを活動に取り入れるような構成にすると，音楽づくりの学習にもつながっていきます。

歌唱とのつながり　　この活動は，唇をたくさん動かし息を勢いよく出す活動になります。すると，自然に腹筋が「ピクッ！　ピクッ！」と動きます。これだけでも，いわゆる「腹式呼吸を使った発声練習」に近い状態をつくり出すことができます。
　それに加え，音のズレや重なりのおもしろさを体験し，自分でズレや重なりをつくることにもつなげていくことができます。

声を重ねて遊ぶ

やまびこごっこ

いくつかのグループで，「おーーーーい」という言葉をやまびこのようにだんだん弱くしながら順にくり返していくという活動です。

この活動で重要な〔共通事項〕

ア 音楽を特徴付けている要素…強弱，間，音色　イ 音楽の仕組み…反復

1 手順

1 同じ人数ぐらいの２つのグループに分かれ，離れて向かい合います。

2 ＡグループからＢグループへ，声をそろえて「おーーい」と呼びかけます。

3 Ｂグループは，やまびこになったつもりで，タイミングをそろえて「おーーい」と返します。

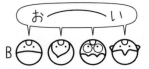

4 今度は４つのグループに分かれ，順に「おーーい」をリレーしていきます。声は，だんだん弱くしていきましょう。

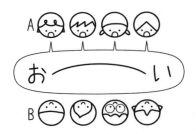

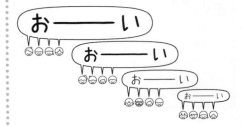

2 活動の目的と身に付く力

・この活動は，同じ言葉を様々な強さで言えるようにすることを目的としています。特に**4**で４つのグループに分かれたときは，次第に弱くしていかなければなりません。前のグループの声の強さをとらえ，それより少し弱くなるようにするにはどのくらいの強さにすればよいか，一瞬で判断して声を出すのです。自分の声の強さに注目し，強さをコントロールする力が伸びるでしょう。

3 指導のポイント

・**4**では，最初のグループが弱い声だと，後のグループはもっと弱くしていくのですから，困ることになります。最初のグループは強い声を出すようにしましょう。かと言って，怒鳴り声ではよくありません。遠くの山に呼びかけるように，よく伸びる声で言うようにしましょう。

・いつも同じ子どもたちが最初にならないように，グループの順番を変えて何度か行いましょう。

・声を出すタイミングがグループでそろうように，最初は先生が合図をするとよいでしょう。うまくタイミングが取れるようになったら，子どもたちに任せます。

・声の高さをグループでそろえる必要はありません。自分の出しやすい高さで言いましょう。

・４つのグループの人数を同じぐらいにして行ったり，例えば12人，９人，６人，３人というように，リレーする順にだんだん少なくしていったりしてみましょう。人数が違うと，声の強さはどうなるでしょうか。

1 まねっこ遊びは音楽学習の基本

　本活動は，ほぼ全てが「おーい」と呼びかけたら「おーい」と応えるまねっこ遊びで成り立っています。

　まねっこは，「反復」や「呼びかけとこたえ」といったように，そのまま〔共通事項〕に置き換えることができます。それだけ多くの音楽の中にまねっこの仕組みを見ることができるということですね。つまり，まねっこ遊びに取り組むということは，「遊びながら大切な音楽の仕組みに触れることができる」ということなのです。リズム打ちをまねしたり，譜読みのために範唱や範奏をまねしたりと，授業の中でも様々な場面で見ることができます。ですから，「まねっこ遊びは音楽学習の基本であり，先生にとってはもっとも効果的な指導法の１つである」と言っても，決して言いすぎではないと思います。

2 まずは先生のまねっこから

　「先生がみんなに向かって『おーい』と言います。それを聴いたら『おーい』と返してください」と説明します。そして，たくさん息を吸って目一杯

大きな声で「おーい！」と言います。はじめはあまり長く伸ばさないほうがよいでしょう。子どもも目一杯大きな声で「おーい！」と返してくれるはずです。

　最初の「おーい」を目一杯大きな声にすることには２つの理由があります。１つは，「おーい」と

いう言葉が，遠くから誰かを呼ぶ言葉だということです。つまり，「もともと大きな声で言う言葉」なのです。「『おーい』と返す」となれば，子どもの中で「大きな声を出すぞ」という心の準備ができているはずですから，大きな声で呼びかけることが子どもの思考に沿った活動だといえます。もう1つは，この後に続く活動において「声の強弱をつけやすくなる」ということです。最初の「おーい」と次の「おーい」の強弱の差が大きければ大きいほど，「この活動は声の大きさに差をつける遊びなんだ」ということが理解しやすいのです。ただ「すごく小さい声」から始めると，盛り上がってくるまでに時間がかかります。一度大きい声を出しておくと，単純にテンションが上がるのかもしれませんね（笑）。

　目一杯大きな声で「おーい！」と呼びかけた後は，目一杯小さな声で呼びかけます。子どもは，体まで丸めて小さな声で返してきます。そこですかさず，「どうしてそんな小さな声にしたの？」とたずねます。当然，「だって先生が小さな声にしたから」と言いますね。「そうかぁ！　先生は『声の大きさを変えましょう』なんて言ってないのに，ちゃんとそっくりにしたんだね！」と，これを大いに価値付けます。子どもの中に，「呼びかけた人とそっくりに返す活動」ということが共通理解されていきます。もちろん，活動を始めるときに「先生の『おーい』とそっくりな『おーい』を返してください」と伝えても差し支えはないと思いますが。

3 ◀ 単純な強弱表現から多様な表現へ

　ここまでは，声の大きさを変化させることを楽しんできましたが，先生が声色や伸ばす長さを変えれば，子どももそれに合わせて変えてきます。「声色までそっくりだったね！」「伸ばす長さまでぴったりだったね！」と，褒めるポイントも増えます。先生とそっくりであることをどんどん褒めましょう。

　ある程度くり返したところで，先生役を子どもにゆずります。そうすると，その子は自分で呼びかけ方を考えることになります。つまり先生役の子ども

の「おーい」は，まねっこではない自分の表現となるわけです。ですから先生が価値付けるポイントも，「○○君はすごく長い『おーい』ですね」とか「なんだかやさしい感じの『おーい』でした」といったように，「まねの仕方」ではなく「表現の仕方」となるわけです。その子の表現を具体的に価値付けてから，「やさしい感じまでまねできたかな？」と全体に返してあげると，表現のアイデアが共有されていきます。

> ✎ **ここがポイント** 声の強弱，声色，声の長さ（リズム）など，音楽の要素を窓口に子どもの表現を具体的に価値付けます。そして「そこまでまねできたかな？」と全体に問い返し，アイデアの共有化を図っていきます。

　子どもからいろいろな表現を引き出したところで，一度は全員の「おーい」を確認したいところです。挙手制だと，どうしても遠慮したり恥ずかしがったりして出てくることのできない子どももいるはずですから。少し強引ですが，電子オルガンなどに内蔵されているリズムマシンで簡単なリズムを出し，次々と「おーい」を回していくと，遠慮がちな子どもも勢いに乗って「おーい」と言ってしまいます。「パスもオッケーだよ」と安心感をもたせながら進めることが大切です。

4 「やまびこごっこ」で遊ぼう

　まず，「『やまびこ』は，遠くの山に声が当たって跳ね返ってくることなんだよ」と説明します。低学年だと，「やまびこ」という言葉自体を知らない場合もありますので，丁寧に確認したほうがいいでしょう。次に，子どもからできるだけ離れて立ち，「先生が遠くの山になって『やまびこ』を返すから，先生に向かって『おーい』と呼びかけてみてください」と言います。

　もし子どもが，あまり大きくない声で「おーい」と言ったとしましょう。そんなときは黙ったまま何も言わずに立っています。子どもが「なんで？」と不思議がったところで，「遠くの山まで声が届いていないので跳ね返りま

せん」ととぼけてみせます。そして，「遠くの山まで届くように，せーのっ！」と思いっきり合図を送ります。もちろん子どもは，最大の大きさで「おーい‼」と言ってくれますよ。

　子どもの元気な「おーい」を受けとったら，「おーい！　おーいおーぃぉーぃ」というように，声をだんだん小さくしながら続けて3，4回の「おーい」を返します。「子ども全員→先生」「グループ→先生」「1人→先生」というように「やまびこごっこ」をくり返します。そして，「先生の代わりに『やまびこ』になってくれる人はいますか？」というようにたずね，ここでも先生役を子どもにゆずります。この辺りになると，「先生，『やまびこ』だったら『ヤッホー』のほうがいいと思います」といった意見も出るかもしれません。そんなときは，子どものアイデアに乗ってあげましょう。

5 おとなりさんより小さな声で

　この活動の最後は，8人1組くらいのグループによる「やまびこごっこ」にします。グループで横一列に並ばせ，端から端まで順番に『おーい』を回していきます。「『やまびこ』のように，前の人より小さな声で『おーい』と言いましょう。小さくしすぎておとなりさんが困らないようにしてくださいね」と念を押しておくことが重要です。

> **歌唱との つながり**　この活動のよいところは，「自分の意思で声の大きさを調整する」というところにあります。「目一杯大きな声じゃないと遠くの山に届かない」とか「前の人より小さくて，次の人が困らない小ささ」など，声量をコントロールするための細かい条件がつまった遊びになっています。

15 ◀ 不思議な輪唱

リーダーが即興で出す様々な高さの声を，他の子どもたちが遅れて
追いかけていくという遊びです。ほんの少し前にリーダーが出した
高さの声を自分でも出しながら，今，リーダーが出している声の高
さを聴きとるという，２つのことを同時に行う活動です。

この活動で重要な〔共通事項〕

ア音楽を特徴付けている要素…リズム，拍，音の重なり　　イ音楽の仕組み…反復

---

1 手順

1 　下の３拍子のリズムを覚え，手で打ったり，「タン・タン・タン・ターアー・ウン」
とリズム唱でくり返したりします。

2 　「バビブベボ」のうちの４文字を適当に選んで，上のリズムで言ってみます。

3 　リーダーは下のように１音ずつ声の高さを変えて **2** を行い，子どもたちはそれをまね
て同じように言います。これをくり返します。

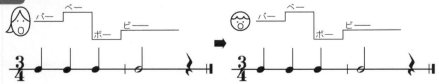

4 リーダーは子どもたちを待たずにどんどん先を続けていき，子どもたちは3拍遅れてまねをしていきます。

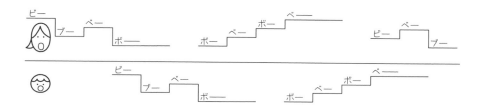

2 活動の目的と身に付く力

・この活動では，リーダーの出す声の上がり下がりの変化を聴きとって模倣していきますから，音程の変化を聴きとる力，聴きとった音程の変化を自分の声で同じように出していく力が身に付きます。
・**4**では，声を出しながら次の部分を聴きとるという，2つのことを同時に行うわけですから，集中力も必要です。

3 指導のポイント

・**2**では，リーダーは「バビブベボ」の中から4文字を（例えば「バボベビ」とか「ビバブボ」など）即興で選びます。**4**では，それに加えて拍ごとに声の高さを変えなければなりません。慣れないと難しいので，最初は先生がリーダーを行いましょう。
・拍ごとに声の高さを変えるといっても，例えば「ドミレソー」というような，きちんとドレミにはまるような音程で歌う必要はありません。何の音だか分からなくてもよいのです。子どもたちは，何の音だか分からないからこそ一生懸命聴きとって，同じ高さで歌おうとするでしょう。

3拍子に慣れよう

「不思議な輪唱」では，3拍子2小節のリズムを用います。私の授業では，4拍子のリズム打ちは普段からやっているのですが，3拍子はほとんどやったことがありません。「先生のまねをして手でリズムを打ってね」と伝え，「タータータ―　ターアー　（ウン）」を口で言いながら手を叩きます。このとき1拍目は強く叩き，3つのかたまりが分かるようにします。

　子どもが「あれ？」という顔していますので，すかさず「どうしたの？」とたずねます。すると，「いつもと違う」という答えが返ってきます。「え？そう？」ととぼけて，「いつもはどんなリズムなの？」と問い返します。そして，子どもの言葉をつなぎながら，いつものリズムは4つのまとまりで，今日のリズムは3つのまとまりということを板書にまとめ，共通理解を図ります。もう1ついつもと違うこととして，「タン」ではなく「ター」になっ

ていることも出てきますので，「今日は『なめらかなリズム打ち』にチャレンジします」と伝えます。輪唱は声が伸びているとおもしろさが増すので，そのためのちょっと

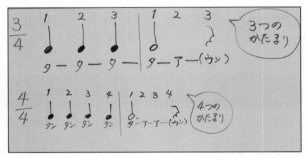

した工夫です。それに，「ター」にすると横に流れる感じが強調されるので，3拍子の雰囲気に合っているように思います。

　3拍子の仕組みが分かったところで，「おとなりさんと相談して，声係と手拍子係に分かれてください」と説明してペア活動に取り組ませます。片方は手を叩かずに声だけで「タータータ―　ターアーウン」と言う係，もう片方は，声を出さずに手だけでリズムを叩く係です。声係は，「アー」と「ウ

ン」もしっかりと言うということを伝えておきましょう。

　リズム打ちをするときの子どもの様子を見ていると,「声を出しながら叩く方がうまくいく子ども」と「声を出すとうまくいかなくなる子ども」がいることが分かります。中には「声を出すのが億劫」という子もいるかもしれません。「不思議な輪唱」は,「3拍子のリズムにのって声を出すこと」が基本となりますので, 全員が声で3拍子のリズムを刻むことに慣れておく必要があります。これは, そのためのペア活動です。慣れてきたところで,「先生が声係をするので, 手拍子係を募集します」というようにして「1人チャレンジ」を始めます。その後,「今度は先生が手拍子係をするので, 声係を募集します」。そして,「先生の代わりに手拍子係をやってくれる人はいますか?」としていくと,「子ども→子ども」という活動になります。

2 声の高さを変えてみよう

　今度は, はじめの3つの「ター」それぞれに「高い・真ん中・低い」といった3種類の音高をつけます。「先生のまねしてみましょう」と言って声だけ変えても, 子どもにとってはなかなか難しいようです。そこで, 声の高さに合わせて手を叩く位置も一緒に変えます。下の写真のように, 高い声のときは上で, 真ん中のときは胸の前で, 低いときはしゃがんで叩きます。

高い声

真ん中の声

低い声

　手を叩く位置もまねするように伝えると, 子どもは実に嬉しそうにまねし始めます。やっぱり体の動きが大きくなると, 楽しさが増すのでしょうね。

そして，動きにつられて自然と声の音高も変化するので一石二鳥です。ただ，手を叩くのに夢中になって声を出さなくなる子どももいますので，「○○さん，先生の歌と完璧に同じ歌になっていましたね！」といったように，忘れずに声を出している子どもや音高を合わせている子どもを大いに褒めていきます。

　このとき2小節目の「ターアーウン」は，いつも胸の前，つまり真ん中の声で終わるようにしておきます。これをくり返していると，子どものほうから，「終わりを上にしてもいいですか？」という質問がくるはずです。もちろん「それはおもしろい！　先生は思いつかなかったなぁ」と驚いてみせましょう。

　「先生→子ども」をくり返したところで，「みんなだったらどんなメロディーにしますか？」とたずね，できるだけ多くの子どもに表現させます。そして子どもの表現を，「○○君は，高い・低い・真ん中だったね」「○○さんは，低

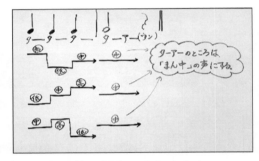

い・真ん中・高いだったね」と，写真のように線で板書にまとめます。

　輪唱になると，先に出る方と追いかける方に分かれます。先に出る方は，即興で何種類もメロディーを考える必要があるので，このように板書に選択肢があると心強いと思います。

3　2小節でまねっこ

　「では，この3拍子のメロディーを使って，おとなりさんと輪唱をします」と伝えます。あえて「メロディー」という言葉を使うことで，「ターターター」と音が横につながるイメージを強調します。そして，「先に出る人とまねする人を決めましょう」と言って役割分担させます。役割が決まったら，

「先に出る人は４種類のメロディーを歌うから，まねする人はできる限り同じに歌うんだよ」と伝えます。先に出る方は，「えー！　無理〜！」となりがちですので，その場合は「ここにこんなにヒントがあるよ」と板書を示してあげると効果的です。

　そして，電子オルガンに内蔵されているメトロノームを３拍子で流し，先生の合図でスタートします。１回終わったら先と後を交代します。ペアを変えたり速度を変えたりしながら，この追いかけっこを楽しみましょう。

4　重なる輪唱にチャレンジ

　右のような画面を映し，「今みんなは，こういうまねっこ（画面上）をしていました。今度は，こういうふう（画面下）にまねしてみようと思います」と説明します。子どもは「えー!?」と言いながら，かなり楽しそうにしていますよ。

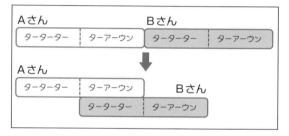

　子どもに示すポイントは，①後に出るほうが，遅れないで入れるか，②先に出たほうが，「ターアー」をきちんと２拍伸ばせるか，の２点です。説明が終わったら，少し長めにペア活動の時間を取ります。このとき，「上手く４回まねっこできたら先生に聴かせにくる」というようにしておくと，長めの活動も意欲が持続します。

> **歌唱とのつながり**
> 　Ａさんが伸ばしている声に重ねてＢさんが同じ旋律を歌うという仕組みは，多くの合唱曲に用いられています。この仕組みでは，Ａさんが最後の音をきちんと伸ばすことで，美しい旋律の重なりを生み出すことができます。その「きちんと伸ばす意識」を高めることにもつながりますね。

声を重ねて遊ぶ

不思議なハーモニー

一人ひとりが異なる高さの声を順に重ねていって，ドミソとかソシレといったような和音ではなく，なんだか分からないハーモニーをつくるという活動です。さぞかし汚いハーモニーになるかと思いきや，意外とそうでもないのです。

この活動で重要な〔共通事項〕

🄐音楽を特徴付けている要素…音高，強弱，音の重なり　🄑音楽の仕組み…音楽の縦と横との関係

1 手順　♪♪

1　8人ぐらいが横一列に並びます。

A B C D E F G H

2　端の人から順に1回ずつ「おい」という言葉を言います。つまり「おい」のリレーです。

3　今度は，端の人は声を出したらそのまま「おーーー…」と出し続け，次の人は別の高さで声を重ねていきます。

4　全員重なると，不思議なハーモニーができました！　先生の合図で全員が同時に「い！」と言って終わります。

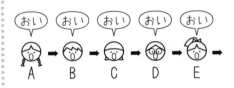

2 活動の目的と身に付く力 ♪♪

・この活動では，声が少しずつずれて重なっていくという横の流れと，様々な高さの声が重なっているという縦の関係の，両方を同時に味わうことになります。つまり，小学校学習指導要領音楽科の〔共通事項〕に示されている「音楽の仕組み」の中の，「音楽の縦と横との関係」に関わる活動だといえます。

・この活動では，前の人の声の高さを聴いて，瞬間的に自分の声の高さを決めて出さなければなりませんので，判断力，決定力が必要になります。また，同じ高さの声をある程度は保ち続ける力も必要です。

3 指導のポイント ♪♪

・**3**のところでは，全員が加わるまでずっと同じ高さの声を出し続けていなければなりません。そのため最初のほうの子どもは，途中で息が足りなくなってしまうかもしれません。その場合はサッと短く息を吸って，また続けるようにします。

・順に声を重ねていく際，低い声でも高い声でもよいので，とにかく前の人とは異なる高さの声で加わっていきます。あわてず，前の人の声の高さを聴きとってから加わるようにしましょう。

・少し難しくなりますが，最初の子どもができるだけ高い声を出し，それより少しずつ低い声で順に重なっていくという方法もあります。

・実は，高い声から順に少しずつ低い声が重なっていくというハーモニーが使われている曲があります。レーモンド・マリー・シェーファー作曲の「月光への碑文」です。子どもたちにこの曲を観賞させ，高い声から低い声へと順に声が重なって，不思議なハーモニーが生まれてくる箇所を聴きとらせてみましょう。このハーモニーは，2回出現します。1回目は曲が始まってすぐ，2回目は中間部です。

実践 不思議なハーモニー

1 円になって「『おいおい』回し」

「全員で１つのきれいな輪
っかをつくりましょう」と指
示し，円ができたら座らせま
す。そして，「先生も入れて
ね」と言って円のどこかに入
れてもらいます。円が整った
ら，「先生がとなりの人に

『おい』と言うので，どんどん回していきます。１周して先生のところまで
戻ってきたら，合図するので『おいっ』と言って終わります」と説明します。
音楽遊びでよく行われる「拍手回し」と同じ要領ですね。

　１回目は特別な指示をすることなく始めます。すると，子ども一人ひとり
がどんな声を出しているのかがとてもよく分かります。「大きい声だったね」
「小さくいったね」「伸ばしたね」といったように，次々と価値付けていきま
しょう。続いて，「どのくらい速く１周できるかな？」とすると，子どもの
顔が次の人に向けて自然と振られます。すかさず「○○君と○○さん，次の
人に『おい』をパスしているのが分かったよ」と，首を振るジェスチャーを
価値付けます。

2 みんなで「お———い」と伸ばしてみよう

　「さっき○○君がやっていた『お———い』って伸ばすのを，みんなでや
ってみたいと思います」と，いかにも子どものアイデアを取り入れたように
進めていきます。「さっきと同じように，となりの人に『おい』を回してい
くのですが，一度声を出したら一周終わるまでず〜っと伸ばし続けます」と

伝えます。子どもは「えー!?」となりますね。この活動，言葉での説明はなかなか伝わりにくいので，すぐに始めてしまうほうがよいと思います。「先生から始めるよ。先生が『おー』って言い始めたらすぐに入ってね」とおとなりさんにお願いしてスタートします。

入るタイミングが曖昧なので，最初の何人目かで「どうすればいいの？」とちょっと混乱します。この後の活動のためにも，短く何度かやり直しておくとよいでしょう。また，「息が続かなくなる」ということも起きますので，まじめな顔で「できるだけ一息でお願いします」と言いながら，素早く息を吸って「お──」と言い直してもよいことも伝えておきます。「できるだけ一息」と伝えることで，子どもはだんだんと声を小さくしていきます。実際に子どもの声が小さくなったところを捉えて，「声を小さくすると長く伸ばせるんだね」と押さえておくとよいと思います。

> ✍ **ここがポイント**　声の重なりを楽しむ遊びの場合は，小さい声のほうが響きのおもしろさを感じることができます。でも，「小さい声にしましょう」とはなるべく言いたくないので，自然と声が小さくなるよう声がけや指示を工夫します。

みんなで「おー」を重ねて上手く1周してくることができたら，先生が分かりやすく合図を出して，全員で「い！」と言って終わります。「誰か先生の代わりにスタートしてくれる人？」と言って，始まりの人，つまり一番長く声を伸ばしている人を次々と変えながら声を重ねて遊びます。

3　グループで「おーい」を重ねてみよう

ここまでは，子どもにとっては単に「声を伸ばす遊び」であって，「声を重ねる遊び」とは思っていません。ここから「声を重ねるおもしろさ」に気付いてほしいので，1組8人程度のグループ活動に取り組ませます。

「8人の中から1人，指揮者役を決めます。指揮者は，残りの7人の中から『おー』と言う人を決めて，次々と合図を出していきましょう。全員の声

が重なったら，分かりやすい合図を
出して，全員で『い！』と言って終
わります」と説明します。右の図の
ように並ぶと，合図も出しやすく，
声の重なりも聴きやすくなります。
前もって「全員が指揮者役を終えた
ら発表会をするので，グループの中
で１番分かりやすい合図を出せた人
を発表会用の指揮者にしてくださ
い」と伝えておきます。

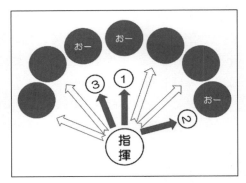

グループ活動並び方例

　先生はグループの間を歩き回り，「全員が上手く重なっていたね」と価値
付けをしたり，指揮者役の子どもに「声が重なっていったのが分かりました
か？」とたずねたりします。全員の声が上手く重なっているグループを全体
に紹介するのもよいでしょう。また，上手な合図の出し方は，全体で共有し
ておくほうがよいですね。

> **ここがポイント**　合図を分かりやすくするコツは２つあります。１つは，
> 予備振りがあること。もう１つは，顔の向きや目線で次の人を見ておくことで
> す。どちらも，声を出す人が息を吸うことができるので，声をしっかりと伸ば
> すことができるのです。

4　発表会をしよう

　８人全員が指揮者役を終えたら，「では，これから発表会をしますので，
グループごとに指揮者を選びましょう」と伝えます。そして，「決まったら
先生に報告にきてください。早く報告にきたグループから好きな順番を選べ
ることにします」とすると，比較的スピーディーに指揮者と順番が決まりま
す。

このとき，「誰を1番にするかも決めておきましょう。1番の人は心の準備がいるからね」と指示します。音程やリズムのない声遊びですから，こちらとしては「失敗」という概念はありません。ただ，ここまでの活動の流れから，「息が続かなくなって声が途切れた」となったら，子どもは「失敗」と捉えます。どのグループにも「失敗したぁ」と思ってほしくないので，1番目を決めておくことが大切な配慮となります。

聴く側の子どもに「『全員の声が重なった』と思ったところで，静かに手を上げましょう」と指示します。この指示によって，7人の声がだんだんと重なっていく様子に耳を澄ますことができるようになります。発表する側に「終わりの『い』をピタッと合わせられるように頑張りましょう」と伝えて，いよいよ発表開始です。

発表が始まったら，まずは指揮者と1番目の子どもをよく見ます。1番目が上手く入れれば，途中で止まってしまうことはほぼありません。そして，4人目くらいからは，聴いている側の子どもを見るようにします。手を上げるように指示してあるのですから，忘れずに見ておきましょう。最後の声を止める瞬間は発表側を見て，指揮者がどんなふうに合図を出しているのかを確認します。

発表が終わったら，まず聴いている側に「全員の声が重なったところをよく聴いていましたね」と大いに褒めましょう。そして，発表したグループの声の重なりについてコメントします。特に「前の人と同じくらいの声の高さで重ねていたね」「すごくいろいろな声の高さがあったね」といったように，声の高さについてコメントするようにします。子どもが，音高を意識しながら声の重なりを聴けるようになったら最高です。

> **歌唱とのつながり**　「不思議なハーモニー」では，「同じ音程でいかに長く声を伸ばしていられるか」というところが難しくて，子どものチャレンジ精神を刺激します。その結果として，「頑張って小さい声を出す」という行為につながります。

17 声を重ねて遊ぶ

クラスターづくり

リーダーの手の動きに合わせて声を出していくのですが，どのくらいの高さの声を出すかは，一人ひとりが自分で瞬時に判断するという活動です。いろいろな高さの声が同時に出されることになるので，そこに偶然の声の重なりが生まれます。

この活動で重要な〔共通事項〕

ア 音楽を特徴付けている要素…音高，音の重なり

1 手順 ♪♪

1 先生の両手が平らに合わされているときは，先生と同じ高さで「アー」と声を出します。

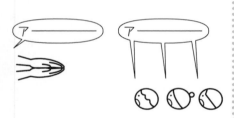

2 先生が手を上下に広げたら，好きな高さで「アー」と声を出します。

3 先生の両手がまた合わされたら，もとの高さで「アー」と声を出します。

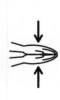 

4 以上のことをくり返します。声の高さは毎回変えましょう。

2 活動の目的と身に付く力

・クラスターとは現代音楽で用いられる手法の1つで，ある音域の中に含まれる少しずつ高さの異なった音が，音域を埋め尽くすように密集して同時に響き，音の塊のような状態になることです。この活動では，大勢の子どもがそれぞれ異なる高さの声を出すことによって，自然にクラスターの状態が生まれ，その響きを味わうことができるのです。

・自分の出す声の高さを自分で瞬間的に決める活動ですから，敏速な判断力，決定力が必要となります。

・何回もくり返す間に違う高さの声にどんどんトライして，様々な高さの自分の声を楽しむようにしたいものです。

3 指導のポイント

・2で好きな高さの声を出すとき，高い声を出しても低い声を出してもかまいません。ただ，友達の声につられて同じ高さの声にそろってしまわないように注意させましょう。

・先生は，手を上下に広げたら，しばらく同じ高さをキープするようにします。頻繁に動かすと，子どもたちがついてこられません。

・子どもたちは，先生の手が同じ高さで止まっている間は，自分が出した声をそのまま同じ高さで出し続けるようにします。

・先生の手が大きく上下に広がったときはうんと高い声や低い声を，あまり広がっていないときは少しだけ高い声や低い声を出すようにしましょう。

・活動に慣れたら，子どもの中の希望者に，先生の役，つまり手を動かす役を行わせてみてもよいですね。

・クラスターが用いられている楽曲としては，マリー・シェーファー作曲の「ミニワンカ」（声のクラスター）や，クシシュトフ・ペンデレツキ作曲の「広島の犠牲者に捧げる哀歌」（楽器によるクラスター）などが挙げられます。これらの曲の鑑賞を活動に組み入れてもよいでしょう。

1 クラスターについて

トーン・クラスター（以下クラスター）とは，一般的には「となり合った複数の全音または半音を一度に鳴らした音の塊」のことを指します。ですから，ピアノでクラスターを表現するときには，右の写真のように手のひらやげんこつや腕全体などでグシャッと弾きます。この定義（？）

から考えると，クラスターはどうも単なる不協和音ではないのです。ここが，本書「16 不思議なハーモニー」との違いですね。

　これを声でやろうとすると，なかなか難しい。友達が「ド」を出している横で「ド♯」を出す。そのまたとなりは「レ」です。想像しただけでも難しい……。ただ，クラスターは「隣接する複数の音の塊」ですから，正確な半音や全音じゃなくてもいいのです。考え方としては「全音以内」という感じでよいと思います。

2 同じ高さで合わせてみよう

　「全音以内で正確な音程じゃなくてもよい」とはいえ，子どもに「となりの人とちょっとだけ違う高さの声を出すんだよ。同じ高さにならないようにね」と言ってもできません。大人でも難しいですよね。ですから，ポルタメントを使って音程をずらしていく遊びから始めます。

まずは，「先生が出す『ン───』と同じ高さで『ン───』とハミングできるかな？」とたずねます。これで子どもは，「これはハミングを使う遊びなんだ」ということを理解できます。音の高さは，ファソラくらいが丁度よいでしょう。先生にとっても子どもにとっても，ハミングしやすい高さだと思います。ハミングは口を閉じるので，自分がどの音程を出しているのかが分かりやすくなるというメリットがあります。また，大声を出せなくなるという効果もあります。クラスターのような不協和音は，大きな音だととても不快に感じます。逆に小さな音だと，何だかいい感じに聴こえるのです。

　はじめは「先生→全員」で進めていきます。そして，「『同じ高さの声を出せたよ』という人はいますか？」とたずね，やってみたい子どもと1対1でやってみます。先生が先に「ン───」と出し，次に子どもがそこに合わせてハミングします。そして，聴いている子どもに「今，先生の高さと合っていましたか？」とたずねます。もし「合っていない」と答えた場合には，「そう？　じゃあ，今度はどうかな？」ととぼけて，子どもの音程に合わせてあげましょう。せっかく前に出てきて表現してくれた子どもが，残念な気持ちにならないように配慮することが大切ですね。

　だったらたずねなければいいのですが，第1章の表（P22）で示した通り，この遊びは中学年から高学年向きの遊びです。この遊びを通して，音程が合っていることとずれていることとの違いを感じとってほしいのです。

ここがポイント　「クラスターづくり」には，ハミングで取り組むことをオススメします。子どもが無理せず小さな声を出せるからです。また，口を閉じた状態ですので声が内側にこもるので，自分が出している音程を感じとりやすくなります。

3　ポルタメントで音程をずらしてみよう

　さて，音程を合わせる遊びを十分に楽しんだところで，いよいよクラスタ

ーづくりです。「クラスター」という言葉の説明は，ここではあえてする必要はないと思います。

　「では，今度はこういうふうにできるかな？」と言って，「ン――――」にポルタメントをかけて，低い音程にゆっくりと下がっていきます。このときに手の動きをつけると，子どもは分かりやすいようです。手のひらを胸の高さでゆっくりと水平に動かし，ポルタメントと同時に緩やかに下の方に動かしていく感じですね。全員で下がっていくポルタメントを試したら，同じ要領で上がっていくポルタメントを試します。

　「今度は，先生は同じ高さで『ン――――』と伸ばし続けるので，みんなは先生の手の動きに合わせて下がっていったり上がっていったりしてみてください」と説明します。そして，「はじめは同じ高さだよ」と念押しして「ン――――」と言いながら手のひらを動かしていきます。ここでも，「先生→全員」から「先生→1人」というようにしていくと，多くの子どもを活躍させることができます。

　ポルタメントのかかり具合は子どもによって異なります。音程を緩やかに変化させる子どももいれば，急に変える子どももいます。ですから，この時点で，すでに「クラスターっぽく」なってきますよ。

　先生を基準にして音程をずらしていくことに慣れてきたら，「おとなりと相談して，伸ばし続ける役とポルタメントをかける役を決めましょう」とペア活動に取り組ませます。すると，半分の子どもが基準音，残りの半分がポルタメントとなり，学級全体での音程のずれがよりはっきりとしてきます。

4　ポルタメントを途中で止めてみよう

　ポルタメントは絶えず音程が動いている状態なので，「クラスター」が意味するところの「音の塊」として認識されにくいと思います。そこで，ポルタメントを好きなところで止めて，その音程で伸ばす遊びに取り組みます。

　「こんなふうにポルタメントを途中で止められるかな？」と伝えて，「ン

―――」と言いながら手を動
かし，下がり（上がり）始め
たところで止めます。手を止
めたところでポルタメントを
止め，その音程で伸ばし続け
ます。先生の手の動きと声に
合わせて，「止めて伸ばす」
ことをくり返します。

　最後は，①上げる，②下げ
る，③真っ直ぐ伸ばす（基準
音）の３つの選択肢から，自
分がどの方向に声を伸ばすの
かを決めさせます。子どもの
様子によっては，「この列は
下がるポルタメント，この列

は上がる…」というように，先生が指定してもよいかもしれませんね。

　「決まったかな？　先生の手が止まったら，そこで声を伸ばし続けてね」
と伝え，先ほどと同じ手の動きを写真のように両手を重ねて行います。重ね
た両手が上下に離れていくと……子ども版「クラスター」ができあがりまし
たね。

　慣れてきたら，８人くらいのグループ活動に取り組ませてもおもしろいで
すよ。

歌唱との つながり
　「クラスターづくり」では，ポルタメントがキーになります。ポル
タメントは切れ目のない連続した音程なので，それを途中で止めることによっ
て，自然に「隣接した音程」をつくり出すことができます。
　また，この活動は「自分の意思で音程を合わせたりずらしたりする遊び」で
すので，子どもに「音をねらう意識」をもたせることができます。

【著者紹介】

熊木　眞見子（くまき　まみこ）

東京都の公立小学校に13年間勤務。
その後，筑波大学附属小学校に16年間勤務。
現在，育英大学教育学部教授。
単著『子どものコミュニケーション力を高める！音楽遊びベスト40』（明治図書），『子どもを音楽好きにする！楽器遊びベスト40』（明治図書）他多数
執筆箇所：1章1，2章各活動冒頭2頁

笠原　壮史（かさはら　そうし）

筑波大学附属小学校教諭。国立音楽大学声楽学科卒業後，イタリアへ留学し現地でオペラデビューを果たす。6年間の歌手活動ののち帰国。2008年に新潟市公立小学校教諭として採用される。新潟市立味方小学校，新潟大学附属小学校勤務を経て現在に至る。小学校における歌唱教育の在り方を主な研究領域とし，子どもが歌うという行為そのものの素晴らしさを体験できる授業を目指して実践を重ねている。共著『「子どもファースト」でつくる！音楽授業プラン成功のアイデア』（明治図書）
執筆箇所：1章2，2章各活動実践頁

〔本文イラスト〕木村　美穂

音楽科授業サポートBOOKS

発声練習より効果てきめん！
恥ずかしがらずに声を出せるようになる
「声遊び」のアイデア＆授業レシピ

2020年7月初版第1刷刊 2023年11月初版第5刷刊	©著　者	熊　　木　　眞見子 笠　　原　　壮　　史
	発行者	藤　　原　　光　　政
	発行所	明治図書出版株式会社

http://www.meijitosho.co.jp
（企画）木村　悠（校正）川上　萌
〒114-0023　東京都北区滝野川7-46-1
振替00160-5-151318　電話03（5907）6703
ご注文窓口　電話03（5907）6668

＊検印省略　　　　　組版所　藤原印刷株式会社

Printed in Japan　　　ISBN978-4-18-338018-0
もれなくクーポンがもらえる！読者アンケートはこちらから→